MARIENFESTE IM JAHRESLAUF

RUDOLF GRABER

MARIENFESTE

IM JAHRESLAUF

echter

Die marianischen Feste sind nach dem neuen Kalendarium bearbeitet. Einige ältere partikuläre Feste wurden jedoch beibehalten.
Innerhalb der einzelnen Monate wird unterschieden in:
1. Hochfeste
2. Feste
3. Gedenktage
4. wichtige partikuläre Gedenktage.

Die Auswahl der Bilder und ihr Kommentar erfolgte durch Karl Kolb.
Die Hymnen aus dem Akathistos – Marienlob sind der Ausgabe des Christiana-Verlags Stein a. Rhein entnommen.

6.–8. Tausend

im Echter Verlag Würzburg
Gesamtherstellung: Fränkische Gesellschaftsdruckerei Würzburg
ISBN 3 921 056 179

INHALT

○ = Bild
● = Farbtafel
(G) = Gebet, Lied, Hymnus

ZUM GELEIT

Der heilige Johannes schaute auf Patmos »ein großes Zeichen am Himmel: eine Frau, bekleidet mit der Sonne, den Mond unter ihren Füßen, und auf ihrem Haupt einen Kranz von zwölf Sternen« (Offb 12, 1). »Das große Zeichen wird von der Liturgie der katholischen Kirche zu Recht gedeutet als die Allerseligste Jungfrau, die, aufgrund der Gnade Christi, die Mutter aller Menschen ist« (Papst Paul VI., Enzyklika »Signum magnum« vom 13. Mai 1967), und wie die Ausdrücke Sonne, Mond und Sterne nahelegen, auch die Königin des Kosmos. Für unseren Zweck dürfen wir diese Gestirne nicht bloß räumlich, sondern auch in ihrem zeitlichen Ablauf deuten, so daß Sonne und Mond den Wechsel von Tag und Nacht, die zwölf Sterne das Jahr mit seinen zwölf Monaten versinnbilden. So wollen wir jeden Monat des Jahres an uns vorüberziehen lassen und ihm sowohl die *liturgischen* als auch einzelne *partikuläre* Marienfeste zuteilen, damit ein marianisches Jahr und zugleich ein Marienleben entsteht zur Ehre unserer himmlischen Mutter, die auch die Mutter der Kirche ist.

Gewisse Kreise glauben zwar, daß durch die Reform des römischen Kalenders und die Einführung des neuen Meßbuches eine Reduzierung der Marienfeste und damit ein Rückgang der Marienverehrung erfolgt sei (bei Walter Dürig, Maria – Mutter der Kirche, Eos Verlag, St. Ottilien 1979, S. 9). Unser Gang durch das Kirchenjahr wird zeigen, daß dies nur zum Teil richtig ist und daß der Verlust einiger Feste durch die Einführung des Hochfestes Mariens vom 1. Januar und die neue Messe »De Beata Maria Ecclesiae matre« sicherlich aufgewogen wird. Wenn wir dazu noch das umfangreiche achte Kapitel der Konzilskonstitution »Lumen gentium« nehmen, das über »die selige jungfräuliche Gottesmutter Maria im Geheimnis Christi und der Kirche« handelt, und das ebenso bedeutsame Rundschreiben Papst Pauls VI. »Marialis cultus«, dann ist es nicht übertrieben zu glauben, daß wir sogar vor einer neuen Blüte der Marienverehrung stehen. Das Konzil hat mehrfach auf die Hauskirche hingewiesen, und dementsprechend sind verschiedene Diözesen dazu übergegangen, mehrmals im Jahr sogenannte Hausgottesdienste (Hausandachten) zu empfehlen. Könnten nicht die Marienfeste auf diese Weise auch im häuslichen Bereich gefeiert werden, so daß unsere Texte hier als Lesungen in solchen Andachten Verwendung finden? Unser Gang durch das liturgische Marienjahr würde dann nicht nur zu einer allgemeinen Vertiefung unserer Marienverehrung führen, sondern auch zu einer Verchristlichung des Familienlebens, so daß im Sinn des Konzils die Familie jenes Heiligtum wird, in der »die lebendige Gegenwart des Erlösers« sich offenbart (Pastoralkonstitution über die Kirche in der Welt von heute, Nr. 48).

MARIA IM JANUAR

Maria – Gottesgebärerin

Er war hier auf Erden und doch nicht ferne vom Himmel. Seine Geburt war kein Wechsel des Ortes, sondern süße Herablassung Gottes. Jetzt dringt sein Wort zu uns, und die Jungfrau darf hören:

Sei gegrüßt, Sitz Gottes, den kein Raum zu fassen vermag.
Sei gegrüßt, Verschluß des erhabenen Geheimnisses.
Sei gegrüßt, Zeichen des Widerspruchs für die Ungläubigen.
Sei gegrüßt, unvergänglicher Ruhm der Gläubigen.

Sei gegrüßt, Thron dessen, der über den Cherubim thront.
Sei gegrüßt, Gemach dessen, der über den Seraphim wohnt.
Sei gegrüßt, Versöhnerin des Unversöhnlichen.
Sei gegrüßt, einzige Jungfrau und Mutter zugleich.

Sei gegrüßt, durch dich ist erlassen die Schuld.
Sei gegrüßt, du hast uns geöffnet das Paradies.
Sei gegrüßt, Schlüssel zum Königreich Christi.
Sei gegrüßt, Hoffnung des ewigen Heils.

Aus dem Hymnos Akathistos,
dem ältesten Marienlob der Christenheit

1. Januar

MARIA – GOTTESGEBÄRERIN

Der erste Monat des Jahres hatte früher kein eigenes Marienfest. Die Neuordnung des liturgischen Kalenders hat nun auf Neujahr ein Hochfest der Gottesmutter Maria gelegt. Es war ein glücklicher Gedanke, das Jahr mit Maria beginnen zu lassen. Wenn mittelalterliche Schriftsteller Christus als Jahr bezeichnen »Christus annus est«[1], so darf man bei der engen Verbundenheit von Jesus und Maria doch wohl ebenso richtig sagen: Maria annus est – Maria begleitet uns durch das ganze Jahr. Sie ist nicht nur »Porta coeli – Pforte des Himmels«, sondern auch »Porta anni – Eingangspforte in das neue Jahr«. Deshalb dürfen wir dort, wo die Kirche einige Marienfeste, wie Mariä Lichtmeß und Mariä Verkündigung, in Herrenfeste umgewandelt hat, nach wie vor Maria einbeziehen und sie verehren. Das bedeutet nun beileibe nicht, daß wir beabsichtigen, Maria neben Christus zu stellen. Es ist hier stets zu beachten, was die Kirche über die Analogie aussagte: »Es kann zwischen dem Schöpfer und dem Geschöpf eine noch so große Ähnlichkeit ausgesagt werden, die Unähnlichkeit ist immer noch größer«[2]; d. h., wenn wir zwischen Christus und Maria noch so viele Ähnlichkeiten aufzeigen können, die Verschiedenheiten sind immer noch größer. Das muß stets beachtet werden, wenn wir etwa auf Christus und Maria den Gedanken der Mittlerschaft oder des Königtums anwenden. Im übrigen ist der großartige Text des Konzils zu beachten: »Maria vereinigt, da sie zuinnerst in die Heilsgeschichte eingegangen ist, gewissermaßen die größten Glaubensgeheimnisse in sich und strahlt sie wider« (Lumen gentium, Nr. 65).

Nach dieser Vorbemerkung wenden wir uns wieder dem Hochfest der Gottesmutter zu, das im übrigen zugleich der Oktavtag des Weihnachtsfestes ist und diesen Neujahrstag noch ganz mit weihnachtlichem Glanz umstrahlt. Noch immer vernehmen wir das Evangelium der Engel, die Frohbotschaft vom Frieden, den der neugeborene Friedensfürst der Welt bringen will, und dies war der Grund, warum Papst Paul VI. mit dem 1. Januar den Weltfriedenstag verband, »der, wie er sagte, im Herzen vieler Menschen die Segnungen des Friedens reifen läßt«[3]. Gibt es eine wirksamere Friedensvermittlerin als die »Regina pacis« – die »Königin des Friedens«?

Das Hochfest der Gottesmutter ist jedoch auch Vorbereitung auf das Fest der »Erscheinung des Herrn«, auf Epiphanie, das ja auch marianische Züge trägt; denn von den Weisen aus dem Morgenlande heißt es: »Sie fanden das Kind mit Maria, seiner Mutter« (Mt 2, 11). – Man findet Jesus nie allein, sondern immer mit seiner Mutter. Man kann an Maria nicht einfach vorbeigehen. Maria ist nun einmal jener Punkt im Kosmos, wo Gott und Mensch sich zu einer Einheit verbinden und wo der unendliche Abstand zwischen Schöpfer und Geschöpf aufgehoben ist. Sollten wir zu Beginn des neuen Jahres uns deswegen nicht vornehmen, alles Trennende der Mutter anzuvertrauen, damit Einheit wird? – Noch etwas anderes deutet uns das Wort der Schrift an. Die Weisen »fanden das Kind mit Maria, seiner Mutter, fielen nieder und erwiesen ihm Huldigung« (Mt 2, 11). Der griechische und lateinische Ausdruck (Proskynesis, adoratio) spricht von Anbetung. Es hängt sehr viel davon ab, in welcher Haltung wir Gott gegenüber in das neue Jahr hineingehen. Die Weisen lehren uns die Anbetung des Kindes, jene Anbetung, die uns heute fast ganz abhanden gekommen ist. An dieser Stelle muß man – das ist eine unbedingte Pflicht – den Franzosen Ernst Hello[4] zitieren mit seinem genialen Interpreten Karl Pfleger, der gesagt hat, es gäbe auf Erden nur ein einziges Problem: das der Anbetung[5]. Dazu müßte man dann noch den unübertrefflichen Artikel von Peter Lippert neh-

men: »Kommt, lasset uns beten.«[6] Dann würden wir ahnen, was es um die Anbetung ist. Mit dieser Haltung der Anbetung wollen wir in das neue Jahr hineingehen und immer wieder auf dieses einzige Problem zurückkommen. Maria aber war zugegen, als die Weisen sich anbetend vor dem Gotteskind niederwarfen und ihm ihre Geschenke darbrachten. Gibt es eine bessere Hinführung zur Anbetung als die Mutter Jesu?
Noch ein Gedanke Papst Pauls VI. muß hier angeführt werden. Wenn die Kirche am Fest der Erscheinung des Herrn die universale Berufung zum Heile feiert, so betrachtet sie die Jungfrau als den wahren »Sitz der Weisheit und wahre Mutter des Königs, die den Weisen den Erlöser aller Völker zur Anbetung entgegenhält«[7]. So ist Epiphanie nicht nur geschichtliche Erinnerung an den Besuch der Weisen aus dem Morgenland, sondern Prophetie der Endzeit, wo, wie es im Stundengebet heißt, »alle Völker kommen werden und anbetend niederfallen vor dir, unserem Gott und Herrn«. Maria, geleite uns in diese Vollendung!

[1] Vgl. Thomas Michels, Das Heilswerk der Kirche, Salzburg 1935, S. 36.
[1] Denzinger – Schönmetzer, Enchiridion Symbolorum Definitionum et Declarationum de rebus fidei et morum, Herder, Freiburg/Breisgau 1965, Nr. 806.
[3] »Marialis cultus« vom 2. Februar 1974.
[4] Ernst Hello, Worte Gottes Leipzig 1935; Karl Pfleger, Die christozentrische Sehnsucht, Colmar im Elsaß o. J.
[5] Ernst Hello, a.a.O. S. 268.
[6] Stimmen der Zeit 1936, 130. Band, S. 368 ff.
[7] »Marialis cultus«, Nr. 5.

Notre-Dame de Grâce
Maria, Mittlerin und Bindeglied zur Ostkirche

Das kleine Gnadenbild »Notre-Dame de Grâce« in der Kathedrale von Cambrai ist ein Schwesterbild zur »La Bruna« in Neapel. Von beiden erzählt die Legende, der heilige Lukas habe sie gemalt.
Im Jahre 1440 hat Kanonikus Fursy du Bruille ein kleines Madonnenbild aus Rom mitgebracht. Kardinal Jean de Brogny hatte es vom griechischen Patriarchen für gute Vermittlerdienste erhalten und es seinem Sekretär Fursy du Bruille vermacht zur Erinnerung an die gemeinsame Arbeit zur Wiederherstellung der Einheit der Kirche.
Da die lateinische Kirche in ihrem Bemühen um die Einheit immer Maria als Mittlerin angerufen hat, erhielt ein byzantinisches Bild der Gottesmutter symbolhafte Bedeutung. Jedenfalls waren diese Zusammenhänge in Cambrai bekannt, denn das Kapitel von Cambrai ließ vor dem Bild den Hymnos Akathistos, ein Lied der griechischen Kirche zum Lobe Mariens, singen. Es stammt aus dem 9. Jahrhundert und ist eines der Hauptwerke alter byzantinischer Poesie. Das Kapitel wollte mit der Einführung dieser Hymne an die Verbundenheit mit der Ostkirche erinnern und Maria als Mittlerin und Bindeglied anrufen.
Man gebrauchte auch im Graduale und in Antiphonen die Anrufung: »Gegrüßet seist du, Mutter Gottes, Jungfrau voller Gnaden, die man auf lateinisch und griechisch preist...«
Die Notre-Dame de Grâce wurde eines der beliebtesten Gnadenbilder der westlichen Welt. Sie hat auch Lukas Cranach zu seinem Mariahilf-Bild angeregt.

MR
IHS
XRS

Maria – unsere Mutter

Wir preisen den, den du geboren, und wir preisen dich, Gottesgebärerin, als lebendigen Tempel; in deinem Schoß bargst du den, der alles hält in seiner Hand, den Herrn, der dich heiligte und verherrlichte und uns singen lehrte:

Sei gegrüßt, Wohnung des göttlichen Wortes.
Sei gegrüßt, Heilige aller Heiligen.
Sei gegrüßt, Arche, vom Heiligen Geiste vergoldet.
Sei gegrüßt, Mutterschoß des übernatürlichen Lebens.

Sei gegrüßt, Krone jener, die gut regieren.
Sei gegrüßt, unvergänglicher Ruhm der heiligen Priester.
Sei gegrüßt, uneinnehmbare Festung der Kirche.
Sei gegrüßt, Schutzwall des Reiches.

Sei gegrüßt, Siegerin in allen Schlachten.
Sei gegrüßt, Siegerin über unsere Feinde.
Sei gegrüßt, Beschützerin unserer Seelen.
Sei gegrüßt, Arznei unseres Leibes.

Sei gegrüßt, jungfräuliche Braut!

Aus dem Hymnos Akathistos,
dem ältesten Marienlob der Christenheit

ANBETUNG DER KÖNIGE

Die Anbetung der Könige

aus dem Evangeliar Ottos III. (Deutsche Staatsbibliothek München, früher Bamberg) Reichenauer Buchmalerei aus der Zeit um 1000.
Die Heiligen Drei Könige haben zusammen mit dem Stern, der sie geführt hat, vom Künstler ihren eigenen Raum zugewiesen erhalten, der sie von dem der Gottesmutter trennt. Die drei Weisen aus dem Morgenland sind knapp halb so groß wie die thronende Gottesmutter und kaum größer als das segnende Jesuskind. Klein und demütig bringen sie ihre Gaben dar. Der erste König wagt sich mit seinem Geschenk kaum über die Trennungslinie.
Von den drei Königen aus dem Morgenland sagt Sören Kierkegaard: »Die Heiligen Drei Könige hatten nur ein Gerücht, um sich daran zu halten – aber es bewegte sie, die weite Reise zu machen. Die Schriftgelehrten wußten ganz anders Bescheid, saßen und studierten in der Schrift wie die Professoren – aber es bewegte sie nicht. Wo war da am meisten Wahrheit, bei den drei Königen, die einem Gerücht nachliefen, oder bei den Schriftgelehrten, die mit all ihrem Wissen ruhig sitzenblieben?«
Die Anbetung der »Magier«, wie sie zunächst genannt wurden, ist eine der ältesten Darstellungsformen der christlichen Kunst. Schon aus dem 6. Jahrhundert sind uns viele Formen (z. B. auf Sarkophagen) der Verehrung von Gottesmutter und Jesuskind durch die drei Könige erhalten.
In Deutschland erfreuen sie sich besonderer Beliebtheit (Brauchtum), seit ihre Reliquien im Jahre 1164 nach der Eroberung von Mailand durch Barbarossa nach Köln übergeführt wurden, wo sie heute noch im berühmten Dreikönigsschrein (ein Werk des Nikolaus von Verdun) aufbewahrt werden. Die Legende erzählt, der heilige Thomas habe die drei Weisen getauft, die später Bischöfe geworden seien, sie erzählt ferner von ihrem Tod, kurz nach dem Jahre 54. Die Gebeine hätte dann Kaiserin Helena gefunden und – wie so vieles – aus dem Orient nach Konstantinopel gebracht. Von dort seien sie durch den heiligen Bischof Eustorgius nach Mailand gekommen. 1904 erhielt die Kirche Sant'Eustorgio in Mailand Teile der Reliquien in einer Urne zurück.

KÖNIGE NEIGEN IHR HAUPT

Giovanni Battista Tiepolo hat über 700 Jahre später die Anbetung der Könige ganz anders dargestellt.
Das ganze Licht liegt auf Mutter und Kind. Sie sind Mittelpunkt des Geschehens. Erhöht sitzend, wird Maria zur thronenden Königin, die huldvoll irdische Könige empfängt. Alles ist auf Gegensatz und Kontrast aufgebaut.
Vom Himmel herab kommen Seraphim, von unten starren ihnen Hellebarden entgegen. Josef wird mit dem Volk der dunklen Ärmlichkeit des Stalls zugeordnet; davor auf lichtem Marmorsockel sitzt strahlend hell Maria. Als Gegenpol dazu, die Komposition begrenzend, steht groß der rot gekleidete Mohr links im Vordergrund. Dazwischen kniet ein anbetender König, dem vom Licht um Mutter und Kind die volle Helle zuteil wird.
Auch kleinere Kontraste hält Tiepolo für bedeutsam. Die Heilige Familie trägt Heiligenscheine, die Könige Kronen und glanzvolle Kopfbedeckungen. Der erste aber hat Krone und Schmuck abgelegt. Achtlos liegen sie auf der Treppenstufe, Zeichen der demütigen Anbetung.
Es ist schon ein Stück Herrlichkeit dargestellt, wenn auch halb weltlich, halb göttlich. Es ist die Herrlichkeit des Eingeborenen vom Vater, der Fleisch geworden ist – wie es Tiepolo oder seine Zeit verstand.
Eines hat er noch ganz deutlich gemacht: Zwischen all den Menschen, die auf das Kind hin ausgerichtet sind, hat er für uns Platz gelassen, für uns, die wir vor dem Bild stehen. Dort, wohin in Demut Krone und Schmuck geworfen wurden, dort ist Platz für uns. Wenn Könige ihr Haupt neigen, müssen es auch andere tun.
Diese »Anbetung der Könige« stammt aus der Benediktinerabtei Münsterschwarzach und hängt heute in der Alten Pinakothek in München.

1753
Giovanni Battista Tiepolo
(1696 – 1770).
Anbetung der Könige
ehem. Münsterschwarzacher Altarbild
(Foto: Echter-Archiv)

MARIÄ VERMÄHLUNG

Sequenz zu Ehren Sankt Mariens

Daß du dich im Windhauche des Sehens
und Suchens der Heiligen erhobst.
Da die Zeit kam,
da du in deinen Zweigen blühen solltest,
klinge dir Gruß und Gruß entgegen,
weil Sonnenglut wie Balsamgeruch
in dir kochte.
Denn in dir blühte
die Wunderblume empor,
die allen Gewürzen Duft gab,
allen, die vertrocknet waren.
Und alle erschienen nun in voller Blüte.
Darum ließen die Himmel Tau
über das Gras sprühen,
und die ganze Erde ward froh,
weil ihr Eingeweide Korn hervorbrachte
und weil die Vögel des Himmels
auf ihr ihre Nester hatten.
Und den Menschen ward Speise gegeben
und den Speisenden große Freude.
Und darum, süße Jungfrau,
hört in dir die Freude nimmer auf.

Hildegard von Bingen 1098–1179

Zwar kennen nur einige Diözesen und der Franziskanerorden den 23. Januar als Tag der Vermählung Mariens, in der Kunst aber war ihre Vermählung eine Zeitlang ein beliebtes Thema.
Erstmals soll dieses Fest Anfang des 15. Jahrhunderts in Chartres gefeiert worden sein. Rund 150 Jahre später haben es die Franziskaner übernommen.
Während auf dem berühmten Bild von Raffael die Zeremonie von einem Hohenpriester vorgenommen wird, segnet auf dem deutschen Holzschnitt ein Bischof den Bund. Im Hintergrund bezeugt eine Gestalt mit einem Turban das Verlöbnis.

Holzschnitt: Mariä Vermählung (Staatsbibliothek, München).
Bildarchiv Foto Marburg

Immaculata

Wir danken Gott dem Vater, der dich, seine erstgeborene Tochter, keinen einzigen Augenblick eine Tochter der Sünde und des Zornes sein ließ, sondern dich in deiner Empfängnis mit der Gnade der göttlichen Kindschaft beschenkte.

Wir danken Gott dem Sohne, der dich, seine auserwählte Mutter, aus welcher er in der Zeit zur Erlösung unseres Geschlechtes geboren werden sollte, auf die erhabenste Weise erlöste, damit du, die künftige Mithelferin am Erlösungswerk, die Frucht der Erlösung schon in deiner Empfängnis erhieltest.

Wir danken Gott dem Heiligen Geist, der dich, seine vorherbestimmte Braut und das Heiligtum seiner Gottheit, nicht im voraus vom Feinde einnehmen lassen wollte, sondern mit den Segnungen der Gnade ihm zuvorkam, um die Makel der Natur gänzlich von dir auszuschließen.

Matthias Scheeben

MARIA IM FEBRUAR

Maria als Zeichen der sicheren Hoffnung und des Trostes für das wandernde Gottesvolk

Wie die Mutter Jesu, im Himmel schon mit Leib und Seele verherrlicht, Bild und Anbeginn der in der kommenden Weltzeit zu vollendenden Kirche ist, so leuchtet sie auch hier auf Erden in der Zwischenzeit bis zur Ankunft des Tages des Herrn (vgl. 2 Petr 3, 10) als Zeichen der sicheren Hoffnung und des Trostes dem wandernden Gottesvolk voran.

Dieser heiligen Synode bereitet es große Freude und Trost, daß auch unter den getrennten Brüdern solche nicht fehlen, die der Mutter des Herrn und Erlösers die gebührende Ehre erweisen, dies besonders unter den Orientalen, die sich zur Verehrung der allzeit jungfräulichen Gottesmutter mit glühendem Eifer und andächtiger Gesinnung vereinen. Alle Christgläubigen mögen inständig zur Mutter Gottes und Mutter der Menschen flehen, daß sie, die den Anfängen der Kirche mit ihren Gebeten zur Seite stand, auch jetzt, im Himmel über alle Seligen und Engel erhöht, in Gemeinschaft mit allen Heiligen bei ihrem Sohn Fürbitte einlegen möge, bis alle Völkerfamilien, mögen sie den christlichen Ehrennamen tragen oder ihren Erlöser noch nicht kennen, in Friede und Eintracht glückselig zum einen Gottesvolk versammelt werden, zur Ehre der heiligsten und ungeteilten Dreifaltigkeit.

Dogmatische Konstitution über die Kirche 8. Kapitel: Die selige jungfräuliche Gottesmutter Maria im Geheimnis Christi und der Kirche V, 68 und 69.

2. Februar

DARSTELLUNG DES HERRN

Das Fest Mariä Lichtmeß trägt nunmehr die Bezeichnung »Darstellung des Herrn«. Den marianischen Akzent dieses Tages hat Papst Paul VI. deutlich hervorgehoben: »Der reiche Inhalt wird voll ausgeschöpft durch das Gedächtnis des Sohnes zusammen mit der Mutter.« Sie beide, Sohn und Mutter, offenbaren ein »Heilsgeheimnis, das von Christus vollzogen worden ist und mit dem Maria innig verbunden ist als die Mutter des leidenden Knechtes Jahve, als die Vollstreckerin eines Sendungsauftrages, der dem alten Israel zukam, und als Vorbild des neuen Gottesvolkes, das ständig im Glauben und in der Hoffnung bei seinen Leiden und Verfolgungen geprüft wird« (vgl. Lk 2, 21–35 f.).

In diesem Papstwort ist die düstere Seite dieses Festes angesprochen. Trotzdem darf die lichtvolle Seite nicht übersehen werden, die in der alten Bezeichnung vorherrschte. In den zwei Lesungen des neuen Stundengebetes ist beides berücksichtigt. Die Rede des heiligen Sophronius von Jerusalem († 638) ist ein einziger Hymnus auf das Licht, das »in die Welt kam« (Joh 1, 9) und denen leuchtete, »die in Finsternis und im Dunkel des Todes saßen« (Lk 1, 79), jenes klare und ewige Licht, das »der greise Simeon in Empfang nahm« und das »die jungfräuliche Gottesmutter auf ihren Armen trug«. Simeon begrüßt das Kind »als Licht zur Erleuchtung für die Heiden« und tritt so neben die Weisen aus dem Morgenland, die ebenfalls die Universalität des Heils bekunden.

An Lichtmeß erinnert heute noch die Kerzenweihe, und wenn bei der dann stattfindenden Prozession das Lied Simeons, das »Nunc dimittis«, gesungen wird, so sollten wir aus verschiedenen Gründen den früheren Prozessionsgesang miteinbauen, das »Adorna thalamum«, was durchaus statthaft ist, weil auch »ein anderer passender Gesang« Verwendung finden darf; denn gerade hier tritt der marianische Charakter des heutigen Festes klar zutage: »Schmücke dein Brautgemach, Sion: Christus, den König, nimm auf! Begrüße Maria, die Pforte des Himmels! Sie trägt den König der Herrlichkeit, den König des neuen Lichtes. Sehet die Jungfrau: Auf ihren Händen trägt sie den Sohn, der gezeugt ist vor dem Morgenstern. Simeon nimmt ihn auf seine Arme und verkündet den Völkern: Dieser ist der Herr über Leben und Tod, der Heiland der Welt.« Der erste Schöpfungstag ist wiedergekehrt mit der Erschaffung des Lichtes, und so kann Paulus uns zurufen: »Zuvor wart ihr Finsternis, nun aber seid ihr Licht im Herrn, wandelt als Kinder des Lichtes: Die Frucht des Lichtes aber zeigt sich in lauter Güte und Gerechtigkeit« (Eph 5, 8f.).

Aber damit ist der Inhalt dieses Festes noch lange nicht erschöpft. Mariä Lichtmeß ergab sich eigentlich aus dem »zufälligen« Zusammentreffen mit Simeon. Hauptzweck des Tempelbesuchs war aber die »Darstellung des Herrn«. Aufgrund einer alttestamentlichen Vorschrift mußte »jede männliche Erstgeburt dem Herrn geheiligt sein« (Ex 13, 2); deutlicher drückt es das vierte Geheimnis des freudenreichen Rosenkranzes aus: »Jesus, den du, o Jungfrau, im Tempel aufgeopfert hast.« In der Enzyklika »Marialis cultus« hat der Papst von der »opfernden Jungfrau« gesprochen und das Wort des heiligen Bernhard zitiert: »Opfere, o geheiligte Jungfrau, deinen Sohn und bringe die gebenedeite Frucht deines Leibes dem Herrn dar! Opfere zu unser aller Versöhnung die heilige Hostie, die Gott wohlgefällt!« Vom Tempelbesuch Mariens führt eine gerade Linie in den Abendmahlssaal und auf Kalvaria, wo sich das prophetische Wort Simeons erfüllt, vom Zeichen, dem widersprochen wird, und vom Schwert, das die Seele der Mutter durchdringt (Lk 2, 34). Damit ist auch die Frage be-

antwortet, warum die Schrift von Maria unter dem Kreuz so wenig aussagt. Die Antwort ist einfach die, weil bei der Darstellung im Tempel schon alles voraus vollzogen wurde, nur mit dem Unterschied, daß Maria damals ihr Kind zurückerhalten hat und durch das Taubenopfer auslösen konnte.
Wenn Simeons Wort und die heute geweihte Kerze uns aufruft, »Licht im Herrn« zu sein, so zieht der Papst aus der Opferhingabe Mariens die Folgerung: »Maria ist aber vor allem Vorbild für jenen Kult, der darin besteht, aus dem eigenen Leben eine Opferhingabe für Gott zu machen« (»Marialis cultus«, Nr. 21). So gehen wir denn mit brennender Leuchte »dem Erlöser freudig entgegen« (Präfation vom Fest), in jenes Brautgemach, von dem vorhin kurz die Rede war und in dem die ganze herrliche Brautmystik der Kirche eingebracht ist. Aber vergessen wir nicht, dieses »obviam Christo« – dieses »Christus entgegen« (1 Thess 4, 17) geht zuerst über Golgota mit dem Widerspruch und dem Schwert und dann erst in das Brautgemach der Ewigkeit.

Maria bringt ihren Sohn, den sie von Gott empfangen hat, Gott wieder dar. Noch gehört er ihr ganz, mit beiden Händen hält sie ihn fest. Josef steht hinter ihr und opfert zwei Tauben.
Die Weissagung des hochbetagten Simeon, der das Kind begrüßt, daß er das Licht, das die Völker erleuchtet, gesehen habe, hat dem Fest seinen früheren Namen gegeben.
Simeon nahm das Kind in seine Arme und pries Gott mit den Worten:

Nun läßt du, Herr, deinen Knecht,
wie du gesagt hast, in Frieden scheiden.
Denn meine Augen haben das Heil gesehen,
das du vor allen Völkern bereitet hast,
ein Licht, das die Heiden erleuchtet,
und Herrlichkeit für dein Volk Israel.

Dieses Fest wurde in Jerusalem bereits im 4. Jahrhundert gefeiert, 542 in Konstantinopel und dem byzantinischen Reich.
Im 6. Jahrhundert kam es nach Rom, im 7. nach Spanien, Frankreich und Deutschland. Seit dem 10. Jahrhundert weiht die Kirche am Lichtmeßtag Kerzen. Die Lichterprozession, die an das Wort Simeons erinnert, gehörte schon im Orient zum Brauchtum. Im Orient war die Verehrung mehr auf Christus gerichtet, im Westen aber deutlicher auf Maria.

Darstellung im Tempel vom Marienschrein im Aachener Domschatz (Dachrelief der Karlsseite). Bildarchiv Foto Marburg.

11. Februar

UNSERE LIEBE FRAU IN LOURDES

Der Gedenktag Unserer Lieben Frau in Lourdes zeigt uns, daß das Marienleben nicht mit der Aufnahme Mariens in den Himmel endet, sondern daß Maria ebenso wie ihr Sohn bei uns bleibt alle Tage bis ans Ende der Welt (Mt 28, 20). So begegnen wir im Lauf des Jahres einigen Gedenktagen der Gottesmutter, die kirchengeschichtlich bedeutsame Ereignisse betreffen. Für den Monat Februar bietet sich hier Lourdes besonders an, weil es einen Querschnitt der marianischen Heilsgeschichte darstellt. Denn die Erscheinungen Mariens in Lourdes enthalten eine Vorgeschichte, die wenig bekannt ist.
Die Legende führt uns zurück in jene Zeit, als der Islam das werdende christliche Abendland bedrohte. Wohl hatte Karl Martell durch seinen Sieg von Poitiers im Jahre 732 die Sarazenen zurückgeschlagen, aber im Süden des heutigen Frankreich gab es immer noch islamische Widerstandsnester, die sich hartnäckig verteidigten. Als nun Karl der Große 778 von seinem Spanienfeldzug kriegsmüde heimzog, stieß er auf eine solche sarazenische Festung, auf das Felsenschloß Mirambel, das heute noch Lourdes beherrscht. Der unbeugsame Verteidiger Mirat hatte geschworen, sich unter keinen Umständen einem Sterblichen zu ergeben. So blieb nur die eine Möglichkeit, die Festung langsam auszuhungern. Aber auch dies schien vergeblich, und nur der Hinweis des Bischofs von Puy, eines uralten Marienheiligtums, auf die Hilfe der Gottesmutter ermunterte den fränkischen König und sein Heer zum weiteren Ausharren bei der Belagerung. Aber ein eigenartiges Ereignis schien alle Hoffnungen der Christen zu zerstören. Ein Adler, der eine Forelle aus dem Fluß von Lourdes, dem Gave, erschnappt hatte, ließ diese über der Festung fallen. Zwar war dort längst der Hunger zu Gast, aber Mirat warf kurzerhand die zappelnde Forelle ins Lager der Belagerer, gleich als wollte er ihnen damit handgreiflich beweisen, wie unerschöpflich ihre Nahrungsvorräte seien. Roracius, der Bischof von Puy, durchschaute die List. Er verlangte eine Unterredung mit dem Sarazenenfürsten und forderte ihn zur Übergabe auf, nachdem, wie er sich überzeugt hatte, die Not aufs höchste gestiegen war. Aber Mirat lehnte ab mit dem Hinweis auf seinen Eid. Da antwortete der Bischof: »Wenn du dich dem großen Karl nicht ergeben willst, dem mächtigsten Fürsten der Erde, dann ergib dich wenigstens der erhabensten Frau, die es jemals gab, der Mutter Gottes von Puy, unserer mächtigsten und huldreichsten Königin, die auch meine Herrin ist.« Da traf ein Strahl der Gnade das Herz des Sarazenen, und er erklärte: »Wohlan, so ergebe ich mich dieser Königin, aber nur unter der Bedingung, daß dieser ganze Besitz hier niemand anderem gehören soll als ihr allein.« Als Pfand seines Wortes gab er dem Bischof ein Büschel Gras oder Heu vom Boden, auf dem sie gerade standen. Mirat aber ließ sich in Puy taufen und erhielt den Namen Lordus, von dem die Legende Lourdes ableitet. – Seit der Zeit dieses Mirat oder Lordus sind alle Grafen von Bigorre, des Gebietes von Lourdes, sobald sie zur Herrschaft gelangten, mit einem Teil ihres Adels zu Unserer Lieben Frau von Puy gepilgert, und zwar in der gleichen Weise wie Mirat selbst, nämlich mit Heubüscheln an der Spitze ihrer Lanze, um damit den Boden der Kirche zu bestreuen. Später wurde dieser äußere Brauch der Vasallenhuldigung an die Gottesmutter durch eine Geldzahlung von 65 Sols Morlaas abgelöst, die jährlich zu entrichten waren.

Lourdes, die Grotte der Erscheinungen
aus: Mariengnadenbilder

QUE SOY
ERA

Unverkennbar trägt die ganze Erzählung legendäre Züge. Aber nun erfahren wir geschichtlich einwandfrei, daß im Jahre 1062 ein Graf Bernhard I. von Bigorre, also des Gebietes von Lourdes, nach Puy zog und seine ganze Grafschaft für immer und ewig Unserer Lieben Frau vom Berge Anis zu Puy als Lehensgut übergab. Die Gottesmutter ist somit zumindest seit 1062 nachweisbar Eigentümerin und Besitzerin von Lourdes. Man hat nun besonders auf das Wort »ganze« Grafschaft in der Urkunde aufmerksam gemacht und folgendes gemeint: Wenn Graf Bernhard I. seinen *ganzen* Besitz Maria übereignet, dann muß sie einen Teil davon bisher schon besessen haben. Stimmt dies, dann wäre der Kern der Legende als wahr erwiesen, daß schon drei Jahrhunderte vorher das Schloß in Lourdes Unserer Lieben Frau von Puy zum Besitz übergeben worden war. Noch auffallender ist es, daß in einer Urkunde von 1266 der schuldige Lehenszins von 62 Sols genannt wird. – Es erübrigt sich, die Geschichte dieser Lehenspflicht weiter zu verfolgen, die zum letztenmal 1828 oder 1829 erwähnt wird, als nach der Wiederherstellung des Bistums Le Puy 1827 sich dort sogleich eine Abordnung aus Lourdes einfand, um der Herrin ihres Schlosses und Landes »Blumen und Rasenstücke« als Huldigungsgabe zu überbringen, also genau das, was die Legende vom Sarazenenfürsten Mirat behauptete. Dann freilich verliert sich diese Tributleistung. Aber bevor nach dreißig Jahren die Verjährung dieser Besitzrechte Mariens eintreten konnte, stieg sie selbst 1858 vom Himmel, um persönlich ihren Anspruch auf ihr Eigentum anzumelden. Der französische Rechtsanwalt Brejon, der dieser marianischen Geschichte Lourdes nachgegangen war, sagte deshalb von Maria: »Sie stieg nicht nach Frankreich herab; sie kam herab in ihr Eigentum.« Lourdes ist somit Eigentum Mariens und steht allen offen.

Neben dieser ersten Linie marianischer Geschichte geht aber noch eine zweite Linie einher, die zum Teil von Papst Pius XII. in seiner Lourdes-Enzyklika vom 2. Juli 1957 angeführt wird. Sie nimmt ihren Ausgang im Jahre 1830, als die Gottesmutter in Paris Katharina Labouré erschien und von ihr die Prägung der sogenannten Wundertätigen Medaille verlangte, auf der die Worte stehen: »O Maria, ohne Sünde empfangen, bitte für uns, die wir unsere Zuflucht zu dir nehmen.« 24 Jahre später, 1854, verkündet Papst Pius IX. dann feierlich die Glaubenslehre von der makellosen Empfängnis Mariens, und kaum sind vier Jahre vergangen, da erscheint Maria in Lourdes und gibt sich am 25. März 1858 als die »Unbefleckte Empfängnis« zu erkennen. Noch nie in der Geschichte hatte der Himmel selbst so augenscheinlich eine Glaubensdefinition des Papstes auf eine so feierliche Weise bestätigt. In seinem Weltrundschreiben »Fulgens corona« (1953) zur Ankündigung des marianischen Jahres hat Papst Pius XII. ausdrücklich diesen Zusammenhang von der Dogmaverkündigung 1854 und den Erscheinungen in Lourdes erwähnt.

Und nun beginnt die weltweite marianische Nachgeschichte von Lourdes, deren Zeugen wir zum Teil selber sind. Die Geschichte gabelt sich wieder wie zuvor in zwei Ströme, von denen der eine die offizielle Stellungnahme der Kirche wiedergibt. Auch diese Linie hat der Papst angedeutet. Nachdem schon 1862 die bischöfliche Autorität die Echtheit der Erscheinungen anerkannt hatte, bestätigt Papst Leo XIII. das eigene Offizium und die Messe vom Fest der Erscheinung Mariens zu Lourdes, das Pius X. dann auf die ganze Kirche ausdehnt. Dieser heilige Papst schuf die Diözese von Lourdes, die er mit dem älteren Bischofssitz von Tarbes verband; er war es auch, der die Seligsprechung des Seherkindes von Lourdes, Bernadette Sou-

birous, einleitete. Papst Benedikt XV. gewährte dem Bischof von Lourdes das Privileg des Palliums, und Pius XI. konnte die Heiligsprechung der Seherin von Lourdes vornehmen. Pius XII. hat dann die katholische Welt zur Feier des hundertjährigen Jubiläums der Erscheinung aufgerufen.
Bedurfte es aber wirklich all dieser päpstlichen Hinweise und Auszeichnungen, wo »sofort nach den ersten Erscheinungen schon jener ergreifende Zug der Armen, Kranken und Bekümmerten einsetzte, wo sogar die Nationen sich anschickten, hin zu jener seligen Grotte zu ziehen, durch den Anblick der göttlichen Mutter geschmückt, zu jenem verehrungswürdigen Felsen, aus dem die volle Quelle des lebensspendenden Wassers entsprang«, wie Papst Pius XII. sagte. Das ist jene zweite Linie der marianischen Nachgeschichte von Lourdes, diese innerste Geschichte katholischer Frömmigkeit und Marienliebe, aufsteigend aus dem unermeßlichen Meer menschlichen Leides und menschlicher Not, das hilfesuchend zur Mutter flüchtet. Lourdes ist die Bestätigung dafür, daß die Geschichte eigentlich Heilsgeschichte ist. Gott will trotz aller Not und allen Elends unser Heil. Er will uns zu Hilfe kommen und kommt uns zu Hilfe vor allem durch Maria. Geht das übrigens nicht schon aus jener legendären Vorgeschichte von Lourdes hervor? Als man kaum mehr auf einen glücklichen Ausgang der Belagerung zu hoffen wagt, da geschieht das völlig Unerwartete durch Maria. Der Sarazenenfürst ergibt sich der hohen Königin des Himmels und der Erde.
Sind wir heute nicht in einer ähnlichen Lage? Seit über sechzig Jahren bedroht uns der Feind im Osten und, statt einen Einbruch in seine Festung zu erzielen, sind wir heute fast selber die Belagerten. In der Weihe Rußlands an das makellose Herz Mariens hat der Papst im Grunde das gleiche getan wie damals der Bi-

Unsere Liebe Frau von der Wundertätigen Medaille
In Paris erschien 1830 die Gottesmutter der Schwester Katharina Labouré, so wie sie später auf den Medaillen abgebildet wurde, die die Vinzentinerin Katharina auf deren Geheiß hin prägen ließ. Was in der Rue du Bac in Paris begann, hat inzwischen die Welt millionenfach überflutet. Die Medaille erhielt den Beinamen »die wundertätige«, und Papst Leo XIII. approbierte 1894 das Fest von Unserer Lieben Frau von der Wundertätigen Medaille, nachdem es schon zuvor den Lazaristen gestattet worden war, in ihren Gemeinschaften dieses Fest zu begehen.
Diese Madonna auf der Medaille war fortan Vorbild für viele Mariendarstellungen. Selbst die Mariensäulen, die in der Kulturkampfzeit als Gegengewicht gegen die Bismarcksäulen und -türme vor allem im Rheinland entstanden, zeigten die Gottesmutter in einer Darstellung wie auf der Medaille.

schof von Puy. Er hat Rußland dem Herzen der Königin überantwortet. Was menschliche Politik mit allen ihren fragwürdigen Konferenzen niemals erreichen kann, Maria wird es zustande bringen, wenn wir das Unsrige tun.
Noch etwas ergibt sich aus dieser marianischen Vorgeschichte. Die Gottesmutter nimmt immer die Vasallenhuldigung an, und sie steht zu ihrem Eigentum. Wie sie damals die Besitzrechte über Lourdes nicht verjähren ließ, sondern durch ihre Erscheinungen in Lourdes ihre Rechte von neuem anmeldete, so nimmt sie ihre herrscherliche Macht über uns durchaus ernst, wenn wir, wie etwa in der Grignion'schen Weihe, uns und alles, was unser eigen ist, ihr völlig überantwortet haben. Lourdes sagt uns aber, daß dies auch von den Ländern und Völkern gilt. Wenn Maria schon die Vasallenhuldigung dieses kleinen Landstrichs für so bedeutsam hielt, daß sie ihn ihrer helfenden Gegenwart würdigte, um wieviel mehr wird sie all die Länder und Gemeinschaften unter ihren Schutzmantel nehmen, die sich in besonderer Weise ihr geweiht haben! Wir dürfen es als ein günstiges Vorzeichen ansehen, daß die sich stärker abzeichnende Einigung Europas zusammenfiel mit dem Jubiläumsjahr von Lourdes. Mutterliebe beseitigt alle Trennung und hat immer einigende Kraft, und Mutterliebe durchbricht auch Eiserne Vorhänge.
Freilich, eines müssen wir auch tun: Wir müssen zu ihr gehen, nicht gezwungen, sondern in der vollen Freiheit unserer Herzen, so wie es der Heilige Vater im Schlußwort seines Lourdes-Rundschreibens ausführt: »Willst du die Güte haben, zu kommen..., sagte die Heilige Jungfrau zu Bernadette. Diese zurückhaltende Einladung, die keinen Zwang ausübt, die sich an das Herz richtet und gütig eine freie und großmütige Antwort anregt, richtet die Mutter Gottes aufs neue an ihre Kinder in Frankreich und in der Welt. Die Christen werden sich diesem Ruf nicht verschließen, sie werden zu Maria gehen.«

Die geschichtlichen Bemerkungen entstammen in erster Linie dem Büchlein von Maria Ancilla von Gebsattel »Warum in Lourdes«? Grignionhaus Altötting; sodann dem Artikel von F. Caillé »Lourdes, fief de Notre-Dame« in »Cahiers Marials« 1958 S. 22 f., und dem Werk von L. von Matt »Bernadette« Echter Verlag, Würzburg 1956, S. 11 f.

Das Gedenken des heiligen Bernhard

Gedenke, o gütigste Jungfrau Maria, es ist noch nie gehört worden, daß jemand, der zu dir seine Zuflucht nahm, deinen Beistand anrief und um deine Fürbitte flehte, von dir verlassen worden ist. Von diesem Vertrauen beseelt, nehme ich meine Zuflucht zu dir, o Jungfrau der Jungfrauen, meine Mutter, zu dir komme ich, vor dir stehe ich als ein sündiger Mensch. O Mutter des ewigen Wortes, verschmähe nicht meine Worte, sondern höre sie gnädig an und erhöre mich. Amen.

MARIA IM MÄRZ

Maria fragt den Engel

Um den Sinn der unbegreiflichen Botschaft zu erfahren, befragte die Jungfrau den Gesandten Gottes: Wie kann mein unversehrter Leib den Sohn gebären und ans Licht bringen? Sag es mir! Voll Ehrfurcht und Erschütterung sprach der Engel:

Sei gegrüßt, du Vertraute des großen Ratschlusses.
Sei gegrüßt, du hast vertraut und warst verschwiegen.
Sei gegrüßt, du erstes Wunder Christi.
Sei gegrüßt, du Hauptstück all seiner Lehren.

Sei gegrüßt, du Himmelsleiter, auf der Gott herabstieg.
Sei gegrüßt, du Brücke von der Erde zum Himmelreich.
Sei gegrüßt, deine Würde hat die Engel in Staunen versetzt.
Sei gegrüßt, du Schrecken der Dämonen.

Sei gegrüßt, du Morgenstern des Lichtes.
Sei gegrüßt, du hast dein Geheimnis niemandem enthüllt.
Sei gegrüßt, du übertriffst die Weisheit der Weisen.
Sei gegrüßt, du Glanz deiner Getreuen.

Sei gegrüßt, jungfräuliche Braut.

Aus dem Hymnos Akathistos,
dem ältesten Marienlob der Christenheit

25. März

VERKÜNDIGUNG DES HERRN

Vorbemerkung

Papst Paul VI. schreibt in »Marialis cultus« Nr. 6 u. a.: »Nach wohlüberlegtem Beschluß wurde für die Feier der Menschwerdung des Wortes Gottes im römischen Kalender die alte Bezeichnung ›In annuntiatione Domini‹ (Verkündigung des Herrn) wieder eingeführt. Die Feier war und ist in Verbindung mit Christus und der Jungfrau Maria zu sehen: das göttliche Wort wird der Sohn Mariens, und die Jungfrau wird Gottesmutter... So ist der 25. März Gedächtnis eines Höhepunktes im Heilsdialog zwischen Gott und dem Menschen, Erinnerung an die freie Zustimmung der Jungfrau, an ihre Mitwirkung beim Heilsplan Gottes.«

I
Die Verehrung des Monats März

Dem großen Kardinal Bérulle (1575–1629), dem Gründer des Oratoriums und dem Begründer der »Französischen Schule«, dem »Apostel des menschgewordenen Wortes«, wie ihn Papst Urban VIII. bei der Verleihung des Purpurs nannte, gebührt das große Verdienst, dem Monat März eine eigene dévotion, eine eigene Verehrung zugeteilt zu haben. Im Hinblick auf das Menschwerdungsgeheimnis sprechen übrigens auch die Bollandisten von einem »Vorrecht des Monats März«. Bérulle ging noch einen Schritt weiter und nannte den März den Monat der Anfänge (mois des commencements). Er berief sich dabei auf den Auszug der Israeliten aus Ägypten, der angeblich im März erfolgte, und auf die Weisung Gottes: »Dieser Monat soll euch der Beginn der Monate sein; er soll der erste Monat des Jahres sein.« Es ist nicht verwunderlich, daß man auch die Weltschöpfung in den Monat der Anfänge hineinverlegte; dem wurde früher dadurch Rechnung getragen, daß um diese Zeit das Stundengebet mit der Lesung des ersten Buches Mose begann. In einer solchen Schau der Entsprechungen ist es zu verstehen, daß die Bollandisten auch das Weltende in den Monat März hineinverlegten, und der schon genannte Ernst Hello fügt hinzu: »Die Welt wird in demselben Monat gerichtet werden, in dem sie erschaffen wurde.«[1] Nicht bestritten kann jedoch werden, daß in diesen Monat folgende Ereignisse fallen: das Wunder der Menschwerdung, die Einsetzung der Eucharistie und die Passion sowie die Gottesmutterschaft Mariens und das Ruhen Jesu in Maria (ein beliebter Gedanke der Französischen Schule), also insgesamt fünf »oratoires« und »retraites«, sozusagen Stätten des innerlichen Gebetes und der Meditation, die den drei Hütten gleichen, die der heilige Petrus sich auf dem Tabor wünschte.[2] Doch nun müssen wir uns dem Menschwerdungsgeheimnis zuwenden, wobei wir die enge Verbindung zwischen Jesus und Maria im Auge behalten wollen.

II

Papst Paul VI. hat in »Marialis cultus« Nr. 17 in diesem ersten Geheimnis des freudenreichen Rosenkranzes »Maria als die hörende Jungfrau« uns nahebringen wollen, die das Wort Gottes im Glauben aufnimmt«. Ihr Glaube war ja die Voraussetzung und der Weg zur göttlichen Mutterschaft. Glaube kommt aus dem Hören (vgl. Röm 10, 17), und so zeigt dieses heutige Fest neben den schon erwähnten christlichen Grundelementen, wie Anbetung, Opferhingabe, Hören und Glauben als ein wichtiges, vielleicht das wichtigste christliche Existenzial. In ihrem »Fiat mihi – Mir geschehe nach deinem Wort« (Lk 1, 38) macht Maria den Ungehorsam Evas gut und wird nun als neue Eva die wahre Mutter aller Lebenden. Diesem »Fiat« der allerseligsten Jungfrau folgt unmittelbar das Wort der zweiten göttlichen Person: »Siehe, ich komme, deinen Willen, o Gott, zu erfüllen« (Hebr 10, 7). Man beachtet zuwenig diese vollkommene Parallelität zwischen dem Wort Mariens und dem ersten Wort, das der Sohn Gottes nach dem Hebräerbrief (10, 5 ff.) bei seinem Eintritt in die Welt gesprochen hat: »Opfer und Gabe verlangtest du nicht, einen Leib aber hast du mir bereitet... Da sprach ich: Siehe, ich komme – in der Buchrolle steht es von mir geschrieben – deinen Willen, o Gott, zu vollbringen« (Ps 40 [39], 7 ff.). Wenn die erste Sünde des Menschen im Ungehorsam gegen Gott bestand, so beginnt die Erlösung mit der totalen Übereinstimmung des Menschen mit dem Willen Gottes, wie sie sich in den entscheidenden Worten offenbart: »Siehe, ich komme, deinen Willen, o Gott, zu vollbringen« – »Siehe die Magd des Herrn, mir geschehe nach deinem Wort.« Hier also, am heutigen Tag, ist die Totalhingabe jedes Menschen an Gott oder Christus grundgelegt, und von hier erhält sie ihre dauernde Kraft und Schönheit. Mit diesen beiden Worten beginnt die Inkarnation, die Menschwerdung Christi. Aber noch etwas anderes geschieht in dieser großen Stunde:

»Durch die Aufnahme des einzigen Mittlers (vgl. 1 Tim 2, 5) in ihrem Schoß wurde Maria zur wahren Arche des Bundes, zum wahren Tempel Gottes«, und wir fügen zu den Worten des Papstes noch hinzu: zur ersten christlichen Kirche auf Erden. Begreifen wir nun, warum wir beim »incarnatus« der Messe, beim »er hat Fleisch angenommen« sowohl an Weihnachten als auch heute eine Kniebeuge machen, um dieses größte Mysterium anbetend zu verehren, in dem die neunmonatliche zeitliche Abfolge der Menschwerdung geheiligt ist?

Das große Problem der Mystik ist der Nachvollzug des Lebens Jesu, konkret für unseren Zweck: Wie kann Gott bzw. Christus in mir geboren werden?[3] Die Antwort gibt uns der heilige Ludwig Maria Grignion von Montfort, wenn er den Glaubensartikel von Menschwerdung und Geburt auf uns ganz persönlich anwendet und sagt: »Wenn der Heilige Geist... Maria in einer Seele findet, so eilt er hin, geht ganz in diese Seele ein und teilt sich ihr in seiner Fülle mit«, damit Christus in dieser Seele geboren werde. Man ersieht daraus unschwer, wie bedeutungsvoll die Mysterien dieses Tages für unser persönliches Leben sind. Das wird durch eine dritte Beobachtung noch verstärkt.

III
Verkündigung des Herrn und Eucharistie

Wem das eben Gesagte zu mystisch klingt, der möge es wenigstens für den sakramentalen Bereich gelten lassen; denn in der Eucharistie vollzieht sich eigentlich das gleiche wie bei der Verkündigung in Nazareth.

Strigel zeigt ein enges Miteinander zwischen Maria und dem Verkündigungsengel mit dem Heroldsstab. Die Jungfrau, beim Gebet unterbrochen, hält demütig die Arme vor der Brust gekreuzt, hört aber aufgeschlossen die Botschaft Gabriels, der sich vor ihr verneigt.

Bernhard Strigel: Verkündigung aus dem gotischen Flügelaltar (1507/1509) der ehemaligen Siechenkapelle des Schlosses in Salem.

Aue gracia plena domi
nus
tecū
FIET ISTUD
Ecce
ancilla domini fiat
michi secundū verbū tu

Das verbindende Wort ist das »Empfangen«, das für Maria galt und ebenso für uns gilt, wenn wir die heilige Kommunion empfangen. Wie für Maria, so ist auch für uns der Glaube Grundvoraussetzung, und das Wort des heiligen Augustinus kann auch auf uns Anwendung finden: »Die Seligste Jungfrau hat Jesus im Glauben geboren, den sie im Glauben empfangen hatte.«[4] Sowohl bei Maria wie auch bei uns geschieht das Wunder durch den Heiligen Geist. Die Präfation vom heutigen Fest sagt: »Durch die Kraft des Heiligen Geistes empfing die Jungfrau dein ewiges Wort, und das Wort wurde Mensch in ihrem Schoß«, und in den Kanongebeten heißt es fast gleichbleibend: »Sende deinen Geist auf diese Gaben herab und heilige sie, damit sie uns werden Leib und Blut deines Sohnes, unseres Herrn Jesus Christus.« Dem Wort Mariens in Nazareth »Siehe die Magd, mir geschehe nach deinem Wort« entspricht in der Eucharistiefeier das Wort des Priesters: »Das ist mein Fleisch, das ist mein Blut.« In beiden Fällen wird Christus gegenwärtig, wahrhaftig, wirklich und wesentlich.
Wenn man dies alles überlegt, so erkennt man, wie das allerheiligste Altarssakrament eigentlich nur die Ausweitung und Vollendung der Menschwerdung ist. Es gibt namhafte Theologen, die deshalb erklären, daß Maria mit ihrem Fiat, mit ihrer Zustimmung zur Menschwerdung des Gottessohnes wenigstens einschlußweise (implicite) auch ihre Zustimmung zur Einsetzung der heiligsten Eucharistie gegeben habe; denn das Ja Mariens war bedingungslos und erstreckte sich auf alles, was der Vater über seinen Sohn und im Zusammenhang damit auch über dessen Mutter verfügte. Und so hat Maria dieses vorbehaltlose Ja schon in Nazareth auch zum Leiden und Sterben ihres Sohnes gesprochen und zu all dem, was er als Hoherpriester für die Erlösung der Menschen tat, und hier nicht

Tabernakeltüren von Lioba Munz OSB

Es gibt wohl kaum eine treffendere Darstellung für die »Verkündigung des Herrn und die Eucharistie« als diese Tabernakeltüren. In fast byzantinischer Form sind die beiden gestaltet, und streng getrennt sind ihre Bereiche, wie schon auf früheren christlichen Bildern: hier der Engel, der nicht in den abgeschlossenen Bezirk Mariens eindringt, dort Maria, ganz in sich gesammelt in der Erwartung dessen, was ihr der Himmelsbote bringen wird. Gabriel mit dem Heroldsstab, der zugleich ein Kreuz trägt, von himmlischem Blau umgeben, kommt über Sonne und Sterne herab zu Maria, um ihr ehrfürchtig seine Botschaft zu verkünden. Der Nimbus um das Haupt Mariens deutet an, daß sie von Anfang an die Begnadete war. Ihre Haltung birgt eine Mischung von Demut und Aufgeschlossenheit, erschrockenes Zögern und zugleich Bereitschaft. Sie steht im Gegensatz zum Engel ganz auf der Erde, drei Türkise deuten den Himmel an.
Lioba Munz hat diese Emaillearbeit als Tabernakeltüren für die neue katholische Kirche St. Elisabeth in Tokio (Japan) im Auftrag von P. Goldmann in der Abtei Maria Frieden (Fulda) geschaffen.

zuletzt zu dem großen Geheimnis seiner letzten Liebe. So geht denn jede heilige Messe und jede heilige Kommunion auf das Ja Mariens zurück.

Wenn dem aber so ist, dann müssen auch wir jede heilige Kommunion so empfangen, wie Maria in Nazareth den Sohn Gottes in sich aufgenommen hat. Das schönste Vorbereitungsgebet und das schönste Danksagungsgebet ist das Wort Mariens: »Siehe, ich bin nur Magd oder Knecht des Herrn; mir geschehe nach deinem Wort.« Es ist die einzig würdige Antwort auf die Liebe Gottes, die sich uns ganz in der heiligen Kommunion schenkt. Infolgedessen muß auch unsere Haltung die einer völligen, bedingungslosen Hingabe sein. Auch wir müssen ja sagen zu allem, was Gott mit uns vorhat, und mag es leidvoll und schmerzlich sein. Am Ende steht auch bei uns die Herrlichkeit jenes Reiches, von dem Gabriel zu Maria sagte, daß es kein Ende haben wird.

[1] Heiligengestalten, Leipzig 1934, S. 16.

[2] Rudolf Graber, Aus der Kraft des Glaubens, Würzburg 1950, S. 42.

[3] Rudolf Graber, Begegnungen mit Christus, Würzburg 1947, S. 58 ff.

[4] Sermo 215, 4; PL 38, 1074.

Die verkundung des engelischen grus mit einem andechtigen gepet

Mariä Verkündigung

Sei gegrüßt, Maria, heilige Mutter Gottes.
Sei gegrüßt, du der Schöpfung kostbarer Schatz.
Sei gegrüßt, du nie verlöschendes Licht.
Sei gegrüßt, du der Jungfräulichkeit Krone.
Sei gegrüßt, du Wohnung Gottes, du unzerstörbarer Tempel,
du Haus dessen, den keine Räume je fassen.
Sei gegrüßt, Heilige! Du hast den Unermeßlichen im jungfräulichen Schoße umfangen.
Sei gegrüßt, denn aus dir ging hervor, der den Tod besiegte, der unsere Sünde gesühnt hat. Aus dir ging das Licht auf vor uns, die in Nacht und Todesschatten wandelten.
Sei gegrüßt, denn durch dich wird der dreifaltige Gott über den Erdkreis hin angebetet und verherrlicht.
Wer könnte nach Gebühr dich, Vielgepriesene, preisen?
Dich: Mutter und Jungfrau.

Cyrill von Alexandrien; 5. Jh.

MARIA IM APRIL

Stabat mater

Christi Mutter stand mit Schmerzen
bei dem Kreuz und weint' von Herzen,
als ihr lieber Sohn da hing.
Durch die Seele voller Trauer,
schneidend unter Todesschauer,
jetzt das Schwert des Leidens ging.

Welch ein Schmerz der Auserkornen,
da sie sah den Eingebornen,
wie er mit dem Tode rang!
Angst und Jammer, Qual und Bangen,
alles Leid hielt sie umfangen,
das nur je ein Herz durchdrang.

Ach, für seiner Brüder Schulden
sah sie ihn die Marter dulden,
Geißeln, Dornen, Spott und Hohn,
sah ihn trostlos und verlassen
an dem blut'gen Kreuz erblassen,
ihren lieben, einz'gen Sohn.

Drücke deines Sohnes Wunden,
wie du selber sie empfunden,
Heil'ge Mutter, in mein Herz,
daß ich weiß, was ich verschuldet,
was dein Sohn für mich erduldet,
gib mir Teil an deinem Schmerz.

Christus, laß bei meinem Sterben
mich mit deiner Mutter erben
Sieg und Preis nach letztem Streit,
wenn der Leib dann sinkt zur Erde,
gib mir, daß ich teilhaft werde
deiner sel'gen Herrlichkeit.

Ein Bild des Schmerzes, aus dem als einzige Hoffnung das Kreuz in Form des Lebensbaumes hochragt, und gerade das unterstreicht noch die Trostlosigkeit dieses Bildes. Man muß sich nur einmal jede dieser Gestalten einzeln ansehen und dabei entdecken, wie es diesem Meister gelungen ist, immer neue Varianten für den Ausdruck tiefsten Schmerzes zu finden.
Das Fest steht in engem Zusammenhang mit dem Servitenorden, der 1233 zur Verehrung der Gottesmutter und besonders ihres Leidens gegründet wurde. Die Provinzial-Synode 1423 in Köln hat dann das Fest der Schmerzen Mariens angeregt. Es sollte Sühnetag für die Greuel der Bilderstürmer und der Hussiten sein.

Meister des Tympanon-Reliefs in Maria Straßengel (Salzburger Meister der Haider-Werkstatt): Kreuzabnahme in der Wallfahrtskirche Maria Straßengel bei Graz (Steiermark), Tympanon des Südportals. Um 1395/1400.
Foto: Lala Aufsberg

MARIA AN OSTERN

Das Osteralleluja gilt nicht nur Christus dem Sieger über Sünde, Tod und Hölle, sondern auch seiner Mutter. In der marianischen Antiphon der Osterzeit vereint sich die Kirche in echt menschlicher Weise mit dem Jubel Mariens, weil auferstand, »den zu tragen sie verdiente«. Es ist durchaus berechtigt, auch diese menschliche Seite der Osterfreude zu sehen und zu verspüren; wir können es der Gottesmutter nachfühlen, was ihr Mutterherz am Auferstehungsmorgen empfunden hat. In solchen Augenblicken, wo etwa ein totgeglaubter Sohn nach langen Jahren plötzlich sich in den Armen seiner Mutter birgt, wird offenbar, was echte Liebe und Freude ist.
Aber unsere christliche Osterfreude geht über dieses rein menschliche Gefühl hinaus, und es ist wesentlich, daß wir hier tiefer sehen. Denn Maria freut sich nicht nur über den Ostersieg ihres Sohnes, sondern sie ist an diesem Sieg mitbeteiligt. Ein Gottesgelehrter unserer Tage hat darauf hingewiesen, daß das Wort Jesu am Kreuz »Es ist vollbracht« (Joh 19, 30) sich nicht nur auf das nun vollbrachte Werk der Erlösung bezieht, sondern auch darauf, daß nun alles vollbracht sei, was die Schrift des Alten Bundes von ihm vorausgesagt hatte (vgl. Joh 18, 28). Tatsächlich zählt der Evangelist drei alttestamentliche Weissagungen auf, die sich am Gekreuzigten buchstäblich erfüllten: die Verteilung der Kleider (Vers 24), den Durst, den Jesus litt (Vers 28), und schließlich die Nichtzerschlagung seiner Gebeine (Vers 36 f.). Es ist nun auffallend, daß inmitten dieser Begebenheiten eine Szene steht, die auf den ersten Blick jede Bezugnahme auf die Schrift des Alten Bundes vermissen läßt; es ist das Wort Jesu an seine Mutter: »Frau, siehe da, dein Sohn«, und das andere an den Jünger: »Siehe da, deine Mutter.« Und doch muß auch hier eine alte Weissagung in Erfüllung gehen, weil Johannes dann fortfährt: »Weil Jesus wußte, daß alles vollbracht war, sprach er...« Aber auf welche Weissagung spielt der sterbende Herr wohl an, wenn er dies zu seiner Mutter sagt?
Die Lösung dieser Frage ist so herrlich und göttlich groß, daß man vor dieser Enthüllung der Weisheit und Liebe Gottes nur in anbetendes Schweigen versinkt. Christus nimmt gerade in dieser uns befremdenden Anrede »Frau« die alte Weissagung aus dem Paradies auf, wonach eine Feindschaft besteht zwischen der Schlange und einer Frau und wo im Verlauf dieses Kampfes der Schlange der Kopf zertreten wird (Gen 3, 15). Es ist ja überhaupt bedeutsam, wie oft Christus, freilich in verschleierter Form, diese erste Frohbotschaft aus dem Paradies berührt. Und nun ist der Augenblick gekommen, da auch diese erste messianische Weissagung in Erfüllung gehen soll. Maria ist die geheimnisvolle Frau, deren Bild Gott der Herr den Stammeltern als Trost beim Scheiden aus dem Paradies mitgab; und da Christus als der neue Adam der neue Stammvater des Menschengeschlechtes wird, so ist Maria die neue Eva, die neue Mutter der Lebenden. Und so wie der erste Adam eine Gehilfin erhielt, die ihm glich (Gen 2, 18), so wollte auch der zweite Adam das große Werk der Erlösung nicht allein vollbringen, sondern eine Gehilfin beiziehen. Maria indessen ist diesem Werk dadurch beigetreten, daß sie – wie das Konzil betonte – »mit ihrem Eingeborenen litt

---

Die »Schöne Madonna« in der Johanniskirche in Thorn, eine der berühmten Muttergottesdarstellungen (um 1400), ist das Symbol der »neuen Eva«. Den Apfel, den einst Eva Adam bot, reicht nun Maria ihrem Sohn, damit er die Welt erlöse.
Bildarchiv Foto Marburg

und sich mit seinem Opfer in mütterlichem Geist verband, indem sie der Hinopferung des Schlachtopfers, das sie geboren hatte, liebevoll zustimmte«[1]. Ebenso deutlich sprach sich Papst Pius XII. in seiner Enzyklika über den mystischen Leib Christi aus, wenn er sagte: »Maria hat,... auf immer mit ihrem Sohn aufs innigste verbunden, ihn auf Golgota zusammen mit dem gänzlichen Opfer ihrer Mutterrechte und ihrer Mutterliebe, dem ewigen Vater dargebracht als neue Eva für alle Kinder Adams.« Von da aus fällt nun auch Licht auf das erste Wunder Jesu bei der Hochzeit zu Kana, das uns noch immer manche Deutungsschwierigkeiten aufgibt. Vor allem sind es die abweisenden Worte Jesu: »Frau, was habe ich mit dir zu tun?« (F. Tillmann) oder: »Was willst du von mir, Frau?« (W. Lauck – J. Kürzinger), die sich in keiner Weise damit vereinbaren lassen, daß Christus trotzdem die Bitte seiner Mutter erfüllt. Fest steht hingegen, daß Jesus mit dem Hinweis auf seine noch nicht gekommene Stunde seinen Tod meinte. Vielleicht ergibt sich folgende Lösung: Die Feststellung der Mutter und die Antwort Jesu betreffen zwei verschiedene Sachverhalte, einmal die Intervention der Mutter als solche und dann den Inhalt ihrer Bitte. Das letztere wird erfüllt, und das hat die Mutter auch herausgehört; denn sonst hätte sie nicht die Weisung gegeben: »Was er euch sagt, das tut!« Ganz anders verhält es sich mit der Intervention als solcher. Diese verlegt Jesus auf »seine Stunde«, d. h., erst von seinem Sterben an wird die Mutter als mittätig fungieren dürfen, sie wird dann ihm zur Seite treten als Mittlerin; sie wird dem zweiten Adam als zweite Eva zur Mutter der Lebenden werden, wie es in einem spätmittelalterlichen Missale von 1481 dargestellt ist.

Unter einem Baum stehen zwei Frauen. Eva nimmt aus dem Rachen der Schlange die Frucht und reicht sie

Die neue Eva

dem Menschen, hinter dem der Tod schon lauert. Über Maria aber erscheint im Geäst des Baumes Christus am Kreuz, und ihn reicht Maria in Form einer Hostie den Menschen, hinter denen Engel sichtbar werden. So tief schaute das gläubige Mittelalter die Anteilnahme Mariens am Erlösungswerk Christi.

Wir geben zu, daß Mariens Stellung im Weihnachtsgeheimnis leichter erfaßbar ist, weil die Geburt eines Kindes aus seiner Mutter eben einen alltäglichen Vorgang betrifft. Die Beteiligung Mariens am österlichen Erlösungssieg Christi ist demgegenüber auf den ersten Blick nicht so klar erkennbar, aber sie ist deshalb nicht weniger tief und umfassend. Wenn wir also in unserer Sündennot und einst in der Todesangst unsere Zuflucht zu Maria nehmen, so geschieht es nicht nur, weil wir in ihr die mächtigste Fürsprecherin bei Gott haben, sondern aus dem Bewußtsein, daß Maria mit ihrem Sohn zusammen den entscheidenden Sieg über diese Mächte der Sünde und des Todes, des Satans und der Hölle errungen hat, und zwar für uns, d. h., damit ihr Ostersieg über die Schlange auch unser Ostersieg werde über alle Gewalten der dunklen Tiefe.

[1]Lumen gentium, Nr. 58.

DER HL. BASILIUS GRÜSST MARIA

O allerseligste Jungfrau Maria, aus welchen Blumen des Lobes soll ich dir den gebührenden Kranz der Verehrung flechten? Aus dir selbst ist ja die Blume Jesse entsprossen, und diese hat unser sündhaftes Geschlecht mit der Glorie der Erlösung verklärt. Wenn der Apostel vor allen übrigen Heiligen bezeugt: »Die Welt ist ihrer nicht wert gewesen«, was soll ich erst bekennen vor dir, der Gottesmutter, die du alle Märtyrer ebenso an Glanz des Wirkens überragst, wie die goldenen Strahlen der Sonne an Pracht den Schimmer der Sterne übertreffen.

Mein Leben lang will ich dich grüßen, o heiligste Jungfrau, du Hehre und Gebenedeite, die du Jesus Christus empfangen und in deinem Schoße zu Elisabeth getragen, zu Betlehem geboren, im Tempel aufgeopfert und auch im Tempel wiedergefunden hast. Durch Ihn erstand die Freude für uns alle, der Fluch der Sünde wurde getilgt, die Herrschaft des Todes gebrochen und die Hoffnung der Auferstehung besiegelt. Sei von ganzem Herzen gegrüßt, du Gnadenvolle, du Mittlerin zwischen Gott und den Menschen, durch deren Geburt die alte Scheidewand einstürzen mußte, auf daß mit dem Himmlischen das Irdische wieder vereinigt werde. Der Herr selbst ist ja deine Geburt, und er, der wahre Hohepriester des Neuen Bundes, wollte eben aus dir als Mensch geboren werden, weil du Gottes würdigster Tempel bist.

O gütige Jungfrau, schaue denn von den Höhen des Himmels auf mich und all die Gläubigen herab und leite uns alle im Frieden Jesu. Am Tage des Gerichtes aber führe uns alle voll Vertrauen vor seinen Richterstuhl und bewirke, daß wir in die Schar zu seiner Rechten aufgenommen werden. Amen.

26. April

MUTTER VOM GUTEN RAT

Das Originalvorbild des Wörther Gnadenbildes wird in Genazzano, im Herzen von Italien, nahe der Stadt Subiaco, als »Mutter vom Guten Rat« (Madonna del Buon Consiglio) in der Basilika der Augustiner-Eremiten bis auf den heutigen Tag verehrt. Man schreibt ihm viele Wunder zu. Das Städtchen Genazzano selbst soll unter dem besonderen Schutz der Mutter vom Guten Rat stehen. In Kriegszeiten soll Maria als Ortspatronin die kleine Stadt wiederholt vor Zerstörungen bewahrt haben (s. auch Seite 150).
Laut Legende kam das Genazzano-Bild 1467 aus Skutari in Albanien. Engel sollen es über das Meer getragen haben. Auch in Skutari hat sich die Verehrung der Mutter des Guten Rates erhalten. Vor dem »wunderbaren Engelflug« soll sich das Bild in der Mariä-Verkündigungs-Kirche einer Vorstadt von Skutari großer Verehrung erfreut haben. Auch dort erzählt eine Legende, daß das Bild auf wunderbare Weise aus dem Orient in die Nische der Verkündigungskirche gekommen sei.
Ein Wandgemälde in der Basilika in Genazzano erzählt den Engelflug und zeigt zugleich zwei Albaner, die dem Bild folgen. Der »Engelflug« allein wird als Bild-im-Bild (das Bild der Mutter des Guten Rates von Engeln getragen in den Wolken) auch in Augustinerkirchen zum Altarbild (Mainz). (Siehe auch: Maria, Mutter der Kirche, das Gnadenbild von Wörth)
Die Mutter des Guten Rates erhielt ihren Namen vom Titel der Basilika in Genazzano.
Oft wird es als Ausschnitt einer Mariahilf-Darstellung angesprochen. Der untere Bildrand schneidet die Hände Mariens und auch den einen Arm des Jesuskindes an, dessen Hand an den Rand des Kleiderausschnittes der Mutter greift. Mit dem anderen Arm umfaßt das Kind Maria, aber es werden, nur die Finger hinter deren Hals sichtbar.

Mutter vom Guten Rat

Mutter mit dem Jesuskind,
Mutter du vom Guten Rat,
da wir keinen Weg mehr finden,
zeig uns du den rechten Pfad!
In deine lieben Hände
leg ich meine ohne Bangen;
Nimm du mich mit,
du kennst den Weg, den er gegangen.

Glorreiche Jungfrau, von Ewigkeit her warst du im Ratschluß Gottes auserwählt zur Mutter des menschgewordenen ewigen Wortes. Du bist die Ausspenderin der Gnaden Gottes, die Zuflucht der Sünder. Ich bin dein unwürdiger Diener. Ich bitte dich, sei du meine Führerin und Beraterin in diesem Tal der Tränen. Durch das kostbare Blut deines göttlichen Sohnes erwirke mir die Verzeihung meiner Sünden, das Heil meiner Seele und alles, was mir dazu notwendig ist. Der heiligen Kirche erflehe den Sieg über ihre Feinde und die Ausbreitung des Reiches Jesu Christi über die ganze Erde. Amen. *(Leo XIII.)*

Die Mutter vom Guten Rat, wie sie in Genazzano und vielen Augustinerkirchen verehrt wird.
Unabhängig von der Legende steht fest, daß der Titel Mutter vom Guten Rat schon im 17. Jahrhundert bekannt war und der Festtag schon seit 1727 in Genazzano gefeiert wurde. Seit 1789 ist dieses Fest für den ganzen Augustinerorden vom Papst genehmigt.
Unter Papst Leo XIII. (1878–1903) ist die Anrufung »Mutter des Guten Rates« in die Lauretanische Litanei aufgenommen worden.
Bild Seite 52: Die Gnadenmutter von Einsiedeln.

MARIA IM MAI

Meerstern, ich dich grüße

Meerstern, ich dich grüße,
o Maria, hilf.
Gottesmutter, süße:
O Maria, hilf!
Maria, hilf uns allen aus unserer tiefen Not!

Rose ohne Dornen,
du von Gott erkoren...

Lilie ohnegleichen,
der die Engel weichen...

Quelle aller Freuden,
Trösterin im Leiden...

Hoch auf deinem Throne,
aller Jungfrau'n Krone...

Gib ein reines Leben,
sichre Reis' daneben..

Nimm uns in die Hände,
uns das Licht zuwende...

Hilf uns Christum flehen,
fröhlich vor ihm stehen...

Altes Volkslied

MARIENMONAT

Die Volksfrömmigkeit hat dadurch ein feines Empfinden bewiesen, daß sie den schönsten Monat des Jahres, den Blütenmonat, der reinsten Jungfrau und der schönsten aller Frauen geweiht hat; und es ist eine alte Erfahrung, daß unsere Maiandachten oft von solchen Menschen besucht werden, die zu Gott kein lebendiges Verhältnis mehr haben, die sich aber gegenüber dem Ideal der unberührten Reinheit und Schönheit noch eine letzte Empfänglichkeit in ihrer Seele bewahrten. Der liturgisch eingestellte Gläubige freilich verspürt in diesem Monat ein gewisses Unbehagen; es ist ihm, als ob hier der liturgisch beherrschende Gedanke von der Auferstehung Christi und unserer Erlösung durch das marianische Thema in den Hintergrund gedrängt wurde.

Dies ist keineswegs der Fall; allerdings müssen wir in diesem Monat Maria mehr unter dem Gesichtspunkt der neuen Schöpfung schauen, und dann fügt sich die Maiandacht organisch in den Osterkreis ein. Maria ist nämlich das neue Geschöpf, von dem Paulus spricht (vgl. 2 Kor 5, 17) und an dem sich der Erlösungssieg Christi am vollkommensten ausgewirkt hat. Wir begehen hier einen kleinen Fehler, indem wir immer nur von der Erlösung abstrakt sprechen und uns dabei doch nichts Rechtes vorstellen können. In Maria steht der erlöste Mensch vor uns, der wahrhaft österliche Mensch, in dem sogar die Vollerlösung sichtbar wird. Denn die Aufnahme Mariens in den Himmel ist das österliche Ereignis schlechthin; die Wiederbelebung ihres Leibes erfolgt in der Kraft der Auferstehung Jesu, der der »Erstgeborene unter den Toten« (Kol 1, 18) ist. Wenn wir also wissen wollen, wie wir uns den neuen, erlösten Menschen vorzustellen haben, der nach Gott geschaffen ist in wahrer Gerechtigkeit und Heiligkeit (Eph 4, 24), so brauchen wir nur auf Maria zu blicken. Es ist somit durchaus liturgisch, wenn die Marienfrömmigkeit in der Osterzeit einen so breiten Raum einnimmt, wie dies in der Maiandacht geschieht; nur sollte man die Herrlichkeiten Mariens und die Geheimnisse ihres Lebens nicht so sehr in sich betrachten, sondern als die Auswirkungen des Ostersieges Christi.

Maria ist aber nicht bloß die neue Schöpfung, sondern sie ist selbst Zeichen und Symbol dafür, daß eine neue Schöpfung mit Ostern begonnen hat. Auch dieser Gedanke ist uns vielleicht ungewohnt. Wir brauchen uns aber nur daran zu erinnern, daß der Auferstandene am Abend des Ostertages seine Jünger anhauchte, um ihnen den Heiligen Geist der Sündenvergebung mitzuteilen, ähnlich wie Gott einst im Paradies dem ersten Menschen durch den Hauch das natürliche Leben verlieh. Dieses neue Leben der Gnade wird uns wiedergeschenkt, falls es verloren war, durch den Hauch seines Mundes im Bußsakrament. Es wurde uns zum ersten Male geschenkt durch das Wasser, das seinem durchbohrten Herzen entströmte und das die Taufe versinnbildet. An diesem Taufbrunnen, der, wie es die ganze Osterliturgie auf Schritt und Tritt zeigt, das eigentliche Ostergeschenk des Auferstandenen an die Menschheit ist, steht jedoch Maria, weil sie unter dem Kreuz Zeugin war von der Durchbohrung des Herzens Jesu. Sakramentale, liturgische Frömmigkeit und Marienliebe lassen sich einfach nicht trennen. Papst Leo der Große hat diesen Zusammenhang in einem wunderbaren Satz ausgedrückt: »Gott gab dem Wasser, was er der Mutter verlieh«; denn so wie aus dem Schoß der reinsten Jungfrau der Erlöser hervorging, so soll nun, wie es in der früheren Taufwasserweihe der Osternacht hieß, »aus dem makellosen Mutterschoß des göttlichen Bornes ein himmlisches Geschlecht emporsteigen, wiedergeboren zu einer neuen Schöpfung.« Darum sagt Bischof Cyrill von Alexandrien:

»Durch dich, o Gottesmutter, wird jedes Geschöpf zur Erkenntnis der Wahrheit hingeführt, durch dich gelangen die Gläubigen zur heiligen Taufe.« Daraus erklärt sich ja auch, daß die Neugetauften in alter Zeit nicht, wie man glauben sollte, nach St. Peter oder in die Erlöserbasilika des Lateran geführt wurden, sondern in die Stationskirche ad S. Mariam majorem, nach Maria Maggiore.
Wenn wir zwischen Maria und uns ein echtes Mutter-Kind-Verhältnis herstellen, dann dürfen wir nicht an der Oberfläche hängenbleiben, wo der Name »Mutter« nur ein sentimentales Gefühl in uns hervorruft, sondern wir müssen hinabsteigen in die Tiefe der Geheimnisse Gottes. Denn wenn das neue Leben der Gnade mehr gilt als das natürliche Leben, dann ist Maria in einem viel tieferen Sinn Mutter, als unsere irdische Mutter es ist, weil sie von ihrem sterbenden Sohn uns ausdrücklich zur Mutter gegeben wurde und weil sie das Wasser der Seite Christi als österliches Taufwasser über unsere Seelen fließen läßt. Darum waren in frühchristlicher Zeit manche Taufkirchen auch der Gottesmutter geweiht. Wenn dann solche Kirchen in Achteckform gebaut waren, so ergibt sich auch daraus eine Beziehung zu Maria. Denn die Zahl Acht versinnbildet die neue vollendete Schöpfung Gottes, in die wir eingehen, wenn wir über die durch die Siebenzahl dargestellte Zeitlichkeit um einen Schritt hinausschreiten und in die Ewigkeit Gottes eingehen; das aber geschieht in Wahrheit durch die Taufe.
Nun wird uns vielleicht auch verständlich, warum die Kirche Empfängnis und Geburt Mariens auf einen jeweils achten Monatstag gelegt hat. Maria steht eben schon vom Anfang an in jenem ewigen Leben der Gnade und Neuschöpfung, das sie auch uns in der Taufgnade zugänglich machen will.
Wollen nicht auch wir uns von der Mutterhand Mariens führen lassen und geistig die Welt mit ihrer Hohlheit und Eitelkeit hinter uns lassen, um mutig diesen einen Schritt darüber hinaus zu wagen und einzugehen in die österliche Herrlichkeit der neuen, erlösten Schöpfung Gottes, von der die ganze Blütenpracht des Maimonats nur ein schwacher Abglanz ist?

O Maria noch so schön,
als die Sonn,
als der Mon,
o du edler Gottesthron.
Schön fürwahr ist dein Gestalt,
Schöners hat Gott nichts gemalt:
Cherubim, Seraphim,
allen Engeln sie gefallt.
Doch ist viel schöner
die innerliche Gnad,
damit du bist geziert
im allerhöchsten Grad,
die Gottes Herz sogar
mit Lieb verwundet hat.
Schön ist zwar des Leibs Gestalt,
schöner ist die Seel gemalt:
Cherubim, Seraphim,
allen Engeln sie gefallt.

Mainzer Gesangbuch 1679

13. Mai

DIE PILGERMADONNA VON FATIMA

Unter den neuen marianischen Frömmigkeitsformen hat eine besonders die Aufmerksamkeit auf sich gezogen, nämlich die Peregrinatio Mariae, die sogenannte Pilgermadonna von Fatima. Kulturgeschichtlich gesehen ist diese Pilgerfahrt der Fatima-Statue eine gewisse Umkehrung des marianischen Wallfahrtswesens. Während bei der Wallfahrt die Menschen zum Gnadenbild pilgern, ist es hier die Madonna selber, die zu den Menschen kommt. Es ist hier nicht der Ort, über den unermeßlichen Segen zu sprechen, der von dieser Peregrinatio in allen Kontinenten ausgeht und mit dem der Himmel sichtlich diese neue Frömmigkeitsform bestätigt. Aber, wie es bei allem Neuen geht, so fehlt es auch in diesem Fall nicht an Gegenstimmen. Man spricht von Bildkult, Sensation, Theaterrummel, oder man erblickt darin ein Überbleibsel mittelalterlicher Frömmigkeit oder aber einen Ausfluß südländisch-romanischen Gefühlsüberschwangs. Dazu wäre natürlich viel zu sagen. Wer sich aber immer noch stößt an den vermeintlichen oder wirklichen Auswüchsen der Marienverehrung, der möge einmal bei Adolf Franz »Die Messe im deutschen Mittelalter« (Freiburg 1902) nachlesen, welcher Mißbrauch und Aberglaube mit dem Heiligsten, was wir besitzen, getrieben wurde, mit der heiligen Messe und der heiligsten Eucharistie. Wie abwegig und völlig verkehrt wäre es, wegen dieses schändlichen Mißbrauches die Sache selber zu verwerfen!

Wir wollen indessen versuchen, diese neue marianische Andachtsform der Peregrinatio einmal etwas tiefer zu sehen und von der Geschichte und Offenbarung her zu beleuchten. Wenn wir in der Geschichte zurückblättern, so muß festgestellt werden, daß die Pilgermadonna sehr alten Ursprungs ist. Der verdienstvolle Forscher auf dem Gebiet der Marienverehrung, Stephan Beißel SJ, widmet in seinem Buch »Wallfahrten zu Unserer Lieben Frau in Legende und Geschichte« (Freiburg 1913) ein eigenes Kapitel den »Umzügen an Wallfahrtsorten« und beschreibt hier, wie an vielen Orten das Gnadenbild in den Prozessionen mitgeführt wurde und wo dies heute noch geschieht. Bei der Erklärung solcher Umzüge erinnert er u. a. daran, daß die Israeliten mit der Bundeslade um die Stadt Jericho zogen – übrigens eine treffende Illustration, wenn man bedenkt, daß Maria von den Kirchenvätern und der Liturgie als Bundeslade gefeiert wird. Gerade dieser Vergleich Mariens mit der Bundeslade vor Jericho führt uns in das oströmische Reich von Konstantinopel, wo es Sitte war, hochverehrte Marienbilder auf Kriegszügen mitzunehmen, um von Maria den Sieg zu erhoffen. P. Kneller schreibt in einem Artikel »Hilfe der Christen. Die Mutter Gottes in der Weltgeschichte« (in der Zeitschrift für Aszese und Mystik, 1935): »Bei einem Triumph des Manuel Komnenos (1143–1180) waren die Straßen mit purpurnen und goldbestickten Teppichen geschmückt, eine Menschenmenge strömte zusammen, gleich einem Gießbach, der vom Berg herabstürzt. Markt, Häuser, Kirchen, Werkstätten standen leer. Der Triumphwagen erstrahlte von Silber und Gold und kostbaren Steinen. Aber auf dem Wagen hatte nicht der Kaiser Platz genommen, sondern das Bild der unüberwindlichen Bundesgenossin und unbesieglichen Mitanführerin des Kaisers, der Gottesmutter. Der Kaiser folgte unter Vortritt der kaiserlichen Prinzen hinter dem Triumphwagen auf weißem Roß.« Das gleiche wird berichtet von der Triumphfeier des Johannes Komnenos (1118–1143) und des Johannes Tzimiskes (949–976). Als 1123 Johannes Komnenos im Kampf gegen nordische Barbaren seine Schlachtreihen wanken sah, richtete er, wie der Chronist erzählt, seine Augen voll Vertrauen auf das Mutter-Gottes-Bild, das in die Schlacht mitgenommen wurde, und die Erhörung fehlte nicht. Könnten wir nicht heute auch von daher den Triumphzug der Fatima-Pilgermadonna unterbauen, wo wir überall in Abwehrkämpfen gegen den östlichen Bolschewismus und gegen den westlichen Säkularismus stehen und wo durch Maria, die neue Bundeslade, die stärksten feindlichen Bollwerke zum Einsturz gebracht werden könnten, so wie einst die Mauern von Jericho zusammenstürzten, als das Volk Israel mit der Bundeslade siebenmal die Stadt umschritten hatte? »Du Lade des Bundes«, so sprach ein byzantinischer Kaiser deshalb Maria an, »dein Vorbild war Schutz dem Volk in allen Gefahren; du aber gewährst dies in reichlicher Fülle; wo du zugegen bist, verlieren die Gegner den Mut.«

Es klingt uns heute unfaßbar, daß selbst Luther in einer seiner Marienpredigten aus dem Jahr 1532, also fünfzehn Jahre nach dem Thesenanschlag, Maria durch einen solchen Triumphzug geehrt wissen wollte, wenn er sagt: »Es wäre billig gewest, daß man ihr einen goldenen Wagen bestellt hätte, sie mit viertausend Pferden hätte gehohlt, wohlgerüstet und gesungen: Hie fahret die Frau über alle Weiber allen menschlichen Geschlechtes. Es sollen billig alle Berge gehüpft und getanzt haben« (vgl. Heinrich Maria Köster, Marienlob aus dem Munde Luthers, in der Zeitschrift »Rosenkranz«, Sept. 1955).

Im Grunde genommen führt uns aber die Pilgermadonna zurück an den Beginn der neutestamentlichen Heilsgeschichte und damit in die Offenbarung Gottes selber. Das Geheimnis Mariä Heimsuchung bzw. das zweite Gesetz des freudenreichen Rosenkranzes »Den du, o Jungfrau, zu Elisabeth getragen hast«, ist die biblische Umschreibung der Fatima-Pilgermadonna. – Hier sehen wir auch den zweiten Zweck, den diese »neue« marianische Frömmigkeitsform erreichen will. Maria als neutestamentliche Bundeslade will nicht nur die Bollwerke Satans, die Sünden, zerstören, sie will, so wie damals bei Elisabeth, Christus zu den Menschen bringen und sie heiligen, so wie damals Johannes im Schoße der Mutter geheiligt ward. Das Geheimnis Mariä Heimsuchung vermittelt uns erst das tiefste Verständnis der Pilgermadonna. Mag es nach außen hin auch den Anschein haben, als sei das Ganze nur eine überschäumende Huldigung an die Gottesmutter, so ist es im letzten wenigstens symbolhaft, d. i. im Bilde, doch nur Fortsetzung, gleichsam die Ausweitung dieser biblischen Szene: Maria will Christus zu den Menschen bringen. Und so sind auch die staunenswerten Bekehrungen, die sich bei der Peregrinatio ereignen, im Grunde nichts anderes als die Wiederholung dessen, was damals – unsichtbar nach außen – in der Seele des kleinen Johannes des Täufers vor sich ging und was Elisabeth in die Worte kleidete: »Siehe, sobald die Stimme deines Grußes an mein Ohr drang, hüpfte das Kind in meinem Schoße vor Freude« (Lk 1, 44). Bei dieser Gelegenheit erinnern wir uns an ein tiefes Wort Grignions, wo er die beiden ersten Wunder Jesu in eine innere Beziehung zueinander setzte: »Jesus wollte auch seine Wunder durch Maria beginnen. Er hat Johannes den Täufer im Schoße seiner Mutter Elisabeth durch das Wort Mariens geheiligt... Das war Jesu erstes und größtes Wunder in der Ordnung der Gnade. Bei der Hochzeit zu Kana ver-

Die Fatima-Madonna wird an großen Wallfahrtstagen, wenn der »weiße Platz« schwarz vor Menschen ist, mit in der Prozession getragen.

wandelte er auf Mariens demütige Bitte das Wasser in Wein; das war sein erstes Wunder in der Ordnung der Natur.« Wenn der Heilige dann fortfährt: »Er hat seine Wunder durch Maria begonnen. Durch Maria hat er sie fortgesetzt und wird sie weiter fortsetzen bis zum Ende der Zeiten«, so erfüllt sich dies gerade in Lourdes und Fatima, insofern als in Lourdes vorwiegend Heilungen, also Wunder in der Ordnung der Natur, erfolgen, während die Bekehrungen in Fatima oder bei den Umzügen der Pilgermadonna eigentlich Gnadenwunder darstellen.

Endlich wird dabei auch ein metaphysisches Gesetz der Heilsordnung erkennbar. Auch die Theologie kennt nämlich das physikalische »Prinzip vom kleinsten Kraftmaß« und drückt es so aus: non sunt multiplicanda entia sine necessitate, d. h., man soll die Ursachen nicht ohne Not vermehren. Auf unsere Frage angewandt, bedeutet dies: An sich stünde zwar nichts im Wege, daß die Gottesmutter an vielen Orten sich zeigte, um überall ihre Botschaft der Buße und des Gebetes zu verkünden. Aber sie hält sich sozusagen an dieses Gesetz der Sparsamkeit, zumal in der Pilgermadonna ja die Möglichkeit gegeben ist, diese Fatimabotschaft der inneren Sinnes- und Lebensumwandlung in alle Lande zu tragen. So muß dies alles gesehen werden, und viele kritische Stimmen gegen die Marienverehrung und ihre heutigen Formen würden und müßten sofort verstummen, wenn die marianischen Prediger es verstünden, alles auf die große Heilsoffenbarung Gottes zurückzuführen, die nach katholischer Lehre in Schrift und Tradition niedergelegt ist. Nach den Loci Theologici des Melchior Cano gehört – was wir nicht vergessen wollen – auch die Geschichte zu den (freilich uneigentlichen) theologischen Quellen.

Der evangelische Theologe Georg Noth schließt sein wahrhaft aufrüttelndes, mit tiefem Ernst geschriebenes Buch »Christentum und Kommunismus in der Weltwende« mit dem Aufruf, zur Gestalt und Botschaft Johannes des Täufers zurückzukehren, der schonungslos das »eschatologische« Gericht verkündet. Was Noth hier im letzten will, ist in Fatima bereits Wirklichkeit geworden. Die Gottesmutter hat die Rolle des Täufers übernommen. Die Höllenvision der Kinder mit dem »unauslöschlichen Feuer«, von dem der Täufer spricht (Lk 3, 17), und das Sonnenwunder, dessen Zusammenhang mit Apokalypse 12, 1 unverkennbar ist, weisen ja ganz deutlich in dieses Eschatologische, und die Forderung Mariens nach Buße und Sühne ist nur die eindringliche Wiederholung des gewaltigen Wortes, mit dem die christliche Heilszeit beginnt: »Metanoeite, ändert euren Sinn, tut Buße« – ein Wort, das sowohl der Täufer wie auch Jesus gesprochen hat und das nun die Mutter Jesu aufnimmt (Mt 3, 2; 4, 17). Aber es ist die Mutter, die nun dieses Wort zu uns spricht, und diese Tatsache ist dem genannten evangelischen Theologen nicht bewußt geworden. Und darum verkündet sie nicht bloß wie der Täufer das Gericht, sondern auch die Gnade: »Am Ende wird mein unbeflecktes Herz triumphieren.« Das aber ist der tiefste Sinn auch der Fatima-Pilgermadonna.

Josef Widmoser, Innsbruck: Das Sonnenwunder (1957), Bregenz.
Glasfenster in der Fatimakapelle »Am Stollen« bei Langen. *Bild: Beuroner Kunstverlag*

Zur Immerhilf

Jungfrau, Mutter Gottes mein,
laß mich ganz dein eigen sein.
Dein im Leben und im Tod,
dein in Unglück, Angst und Not;
dein in Kreuz und bittrem Leid,
dein für Zeit und Ewigkeit.
Jungfrau, Mutter Gottes mein,
laß mich ganz dein eigen sein.

Mutter, auf dich hoff' und baue ich.
Mutter, zu dir ruf' und seufze ich.
Mutter, du Gütigste, steh mir bei.
Mutter, du Mächtigste, Schutz mir leih.

O Mutter, so komm, hilf beten mir.
O Mutter, so komm, hilf streiten mir.
O Mutter, so komm, hilf leiden mir.
O Mutter, so komm und bleib bei mir.

Du kannst mir ja helfen, o Mächtigste.
Du willst mir ja helfen, o Gütigste.
Du mußt mir nun helfen, o Treueste.
Du wirst mir auch helfen, Barmherzigste.

O Mutter der Gnade, der Christen Hort,
du Zuflucht der Sünder, des Heiles Port',
du Hoffnung der Erde, des Himmels Zier,
du Trost der Betrübten, ihr Schutzpanier.
Wer hat je umsonst deine Hilf' angefleht?
wann hast du vergessen ein kindlich' Gebet?
Drum ruf' ich beharrlich in Kreuz und in Leid:
Maria hilft immer, sie hilft jederzeit.
Ich ruf' voll Vertrauen in Leiden und Tod:
Maria hilft immer, in jeglicher Not.
So glaub' ich und lebe und sterbe darauf:
Maria hilft mir in den Himmel hinauf.

MARIA IM JUNI

Salve Regina

Gegrüßet seist du, Königin,
Mutter der Barmherzigkeit,
unser Leben, unsere Wonne und unsere Hoffnung,
sei gegrüßt.
Zu dir rufen wir verbannte Kinder Evas;
zu dir seufzen wir, trauernd und weinend
in diesem Tale der Tränen.
Wohlan denn, unsere Fürsprecherin,
wende deine barmherzigen Augen uns zu,
und nach diesem Elende zeige uns Jesus,
die gebenedeite Frucht deines Leibes,
o gütige, o milde,
o süße Jungfrau Maria.

MARIA UND PFINGSTEN

Ob unsere Mariengebete und Bilder Maria nicht manchmal etwas verzeichnen? Es gibt eine marianische Romantik, eine schwärmerische, sentimentale Marien-Verehrung. Hinter ihr steht oft genug jenes ganz natürliche Gefühl, das Goethe in die Worte kleidet: »Das ewig Weibliche zieht uns hinan.« Diese allzu natürliche, rein gefühlsbetonte Vorstellung von der Mutter des Herrn korrigiert der Heilige Geist an Pfingsten. Er, der uns »die ganze Wahrheit lehren« wird (Joh 16, 13), führt uns auch ganz in das Geheimnis jener Frau ein, die seine Braut ist. Da also Maria aufs innigste mit dem Heiligen Geist verbunden ist, weist sie auch seine Wesenszüge auf. Was aber sind die Wesenseigenschaften des Heiligen Geistes? Gewiß ist sein Wesen die Liebe. Aber es ist doch im höchsten Grade bezeichnend, daß er an Pfingsten nicht kommt im sanften Wehen des Windes, wie damals bei der Gottesoffenbarung auf dem Horeb (1 Kön 19, 12), sondern im Brausen des Windes und in Gestalt von feurigen Zungen. Über dem Symbol der Taube vergessen wir diese seine anderen Symbole, Sturm und Feuer. Petrus hat das gespürt, und deshalb ist auch seine Pfingstpredigt kein lyrischer Erguß und kein Hoheslied der Liebe, sondern eine prophetische Flammenrede, in der die Blitze des Jüngsten Tages wetterleuchten – eine kraftvolle Verherrlichung des Auferstandenen, eine schonungslose Abrechnung mit den Mördern Christi und ein Bußruf zur Sinnesänderung und unbedingten Umkehr.

Wenn aber nun schon Petrus so vom Feuer des Heiligen Geistes gepackt und ergriffen wurde, um wieviel mehr Maria, die Braut des Heiligen Geistes! Nochmals betonen wir: Der Heilige Geist ist die Liebe, und Maria ist die Mutter der schönen Liebe, und all die herrlichen Früchte des Geistes, die Paulus aufzählt (vgl. Gal 5, 12), finden sich aufs vollkommenste in Maria: Liebe, Freude, Friede, Geduld, Milde, Güte, Langmut, Sanftmut, Treue, Mäßigkeit, Enthaltsamkeit, Keuschheit. Aber der Heilige Geist ist auch Sturm und Feuer, und darum hat die Kirche recht, wenn sie Maria mit den Worten des Hohenliedes grüßt als »acies ordinata«, als »wohlgeordnetes Schlachtheer«. Darum ist es nicht verwunderlich, wenn die Kirche in der Lauretanischen Litanei der »Königin des Friedens« eine ganze Reihe von kriegerisch-männlichen Bezeichnungen zuteilt. Weil sie an Pfingsten die Geisttaufe im Sturm und Feuer erhielt, darum ist sie der »Turm Davids«, d. h. die Festung Davids, die, wie das Hohelied sagt, mit Schutzwehren versehen ist, von der tausend Schilde herabhängen, »die ganze Rüstung der Starken« (4, 4). Sie ist der elfenbeinerne Turm, dessen Glanz und Schönheit sich in der Sonne spiegelt (Hld 7, 4), das goldene Haus, die Bundeslade, der Thron der Weisheit und der Kelch des Geistes; sie ist die mächtige Jungfrau, die so oft in der Geschichte der bedrängten Christenheit zu Hilfe gekommen ist.

Aber nun müssen wir uns selber korrigieren; denn nicht erst an Pfingsten hat der Heilige Geist die Gottesmutter mit dieser durchaus männlichen Kraft erfüllt. Schon bei der Verkündigung sehen wir sie in einer Haltung, die durchaus männliche Überlegung und Entschiedenheit verrät. Nach dem ersten Erschrecken hat sie sich sofort gefaßt; sie gerät über die Botschaft, Mutter des Messias zu werden, nicht in Verzückung; in aller Ruhe bittet sie um Aufschluß: »Wie soll das geschehen, da ich keinen Mann erkenne?« (Lk 1, 24), und als der Engel diese Bedenken zerstreut, gibt sie jene Zusage, die in dieser unbedingten Form nur einmal noch in der Heilsgeschichte ausgesprochen wurde, nämlich von Christus selbst bei seinem Eintritt in die Welt: »Siehe, ich komme, o Gott, deinen Willen zu erfüllen« (Hebr 10, 6). Wie stark muß diese Frau gewesen sein, die all die Unbilden der Heiligen Nacht getragen, die Flucht und Exil auf sich genommen hat und die selbst unter dem Kreuz nicht zusammenbrach, sondern aufrechtstehend dem Furchtbaren ins Auge sah! Damals hat sie sich den Titel einer »Königin der Märtyrer und Bekenner« verdient. Unerschrocken hat sie sich auf Golgota zu ihrem als Gotteslästerer und Volksaufwiegler verurteilten Sohn bekannt und hat ihre Seele vom Schwert des bitteren Schmerzes durchdringen lassen. Mit Paulus kann Maria sprechen: »Gott gab uns nicht den Geist der Furcht, sondern der Kraft« (2 Tim 1, 7). Denn schon von Anfang an hatte sie der Pfingstgeist mit Sturm und Feuer erfüllt.

Als solche vom Sturm und Feuer erfüllte Frau ist sie vorausgesagt. Wenn Gott der Herr das Bild der Schlangenzertreterin den sündigen Stammeltern als Trost beim Scheiden aus dem Paradies mitgab, dann schaute er sie wirklich als »acies ordinata«, als wohlgerüstetes Kriegsheer, das den Kampf mit der höllischen Schlange aufnahm. Wenn am Ende der Zeiten der große, rote Drache den letzten Waffengang wagt, dann weiß er eines mit Bestimmtheit: Selbst wenn es ihm gelänge, alle »übrigen Kinder, die Gottes Gebote halten«, zum Abfall zu bringen (Offb 12, 17), diese eine wird er nie und nimmer unterkriegen. Diese eine Frau ist stärker als die ganze Hölle; und all die Wasserfluten, die er gegen sie ausspeit (Offb 12, 15), werden das Feuer der Sonne, mit der sie bekleidet ist, nicht auslöschen; dieser Feuerbrand (Offb 20, 9) des Geistes und seiner Braut wird indessen gerade ihn hinabstürzen in den See von Feuer und Schwefel, in das Feuermeer und den zweiten Tod der Hölle (Offb 20, 10; 14).

Papst Pius XII. hat einmal davon gesprochen, daß die größte Gefahr heute weniger der offene Feind des Christlichen ist, sondern die Müdigkeit der Guten. Gegen diese Müdigkeit hat sich der große Marienverehrer Ludwig Maria Grignion von Montfort gewandt in seinem sogenannten Flammengebet, dem wir folgendes entnehmen: »Heiliger Geist, bringe du mit deiner getreuen Braut Maria viele Gotteskinder hervor! Mit ihr und in ihr hast du das Haupt der Erwählten, Jesus Christus, gebildet; mit ihr und in ihr bildest du auch die Glieder am Leibe dieses Hauptes. In Gott selbst bringst du keine göttliche Person hervor; dafür aber bringst du außerhalb Gottes alle die Vergöttlichten hervor. Alle Heiligen bis zum Ende der Zeiten sind das Werk deiner Liebe in Maria.

Wann sendest du uns den neuen Pfingststurm, jenen Brand der reinen Liebe, der die ganze Erde entflammt? So gewaltig wird dieser Feuerbrand sein und doch so sanft, daß alle Völker davon entflammt werden und sich bekehren. Laß dieses Feuer, das Jesus Christus auf die Erde brachte, laß es entbrennen, ehe das Feuer deines Zornes uns trifft. Sende uns diesen Feuergeist, damit er Feuerseelen erwecke, die das Angesicht der Erde erneuern.

Laß sie das Wort Gottes mit solcher Gewalt verkünden, daß sie überall selbst die härtesten Herzen rühren. Verleihe ihnen deine Weisheit, gib ihnen deine

Der Heilige Geist erscheint, wie bei der Verkündigung, in Gestalt einer Taube. Diesmal kommt er aber nicht zu Maria allein, sondern auch zu den Aposteln, um bei denen zu bleiben, die stellvertretend die Kirche darstellen. Das Gesicht jedes einzelnen Anwesenden zeigt, daß er bereit ist und auch die Kraft erhalten hat, die Aufgabe zu erfüllen, zu der er berufen wurde.
Bildseite aus dem Landgrafenpsalter, Stuttgart, Landesbibliothek.

Worte ein, denen keiner ihrer Feinde widerstehen kann...
Und du, erhabener Gott, soll niemand deine Partei ergreifen, wo doch dein Dienst so süß und glorreich ist? Sollen keine Streiter sich um dein Banner scharen? Laß uns Rufer sein, Herr, die es überall künden, laß unser Rufen in alle Winkel der Erde dringen: Zu den Waffen! Zum Kampf für das Gottesreich! Zu Hilfe den bedrängten Seelen! Unser Heiligstes ist in Gefahr. Helft unsern Brüdern, deren Seelen man tötet! Helft unserer Jugend, die man vergiftet! Helft unserer Kirche, die man verfolgt!
Herr, laß alle, die guten Willens sind, sich mit uns vereinen; unter dem Kreuzesbanner wollen wir ein geordnetes Schlachtheer bilden zum gemeinsamen Kampf gegen die Feinde Gottes.
Erhebe dich, o Herr! Erhebe dich in deiner Allmacht, deinem Erbarmen und deiner Gerechtigkeit. Schaffe dir ein Apostelheer, eine königliche Leibgarde; sie soll dein Haus bewachen, deine Ehre verteidigen und dir Seelen retten, auf daß nur mehr ein Hirt und eine Herde sei und alle Menschen in deinem Tempel dich lobpreisen. Amen.«

Pater Maximilian Kolbe betet

Erlaube mir, daß ich dich preise, heiligste Jungfrau.
Erlaube mir, daß ich dich mit meinem eigenen Vermögen preise.
Erlaube mir, daß ich für dich und allein für dich lebe und arbeite, leide, für dich mich selbst verzehre und sterbe.
Erlaube mir, zu deiner größeren und vermehrten Erhebung beizutragen.
Erlaube mir, dir eine solche Ehre darzubringen, wie sie dir noch niemand dargebracht hat.
Erlaube mir, daß mich andere im Eifer um deine Erhöhung übertreffen und daß ich dann – wie in einem edlen Wettstreit – immer tiefer und rascher deine Ehre ausbreite, immer mächtiger, so wie es der ersehnt, der dich so unaussprechlich über alle anderen Wesen erhoben hat. Amen.

In zahlreichen Kirchen findet man ein vielverehrtes Immerhilf-Bild, das im Osten »Passionsmadonna« genannt wird, eine Ikone, die Rico da Candia im 16. Jahrhundert geschaffen hat.

27. Juni

MARIA VON DER IMMERWÄHRENDEN HILFE

Die Mutter von der Immerwährenden Hilfe ist inzwischen auf der ganzen Welt zu Hause. In Deutschland, in Frankreich, in Österreich finden wir sie mindestens in jeder dritten Kirche.
Ihr Original wird inmitten von Rom in Sant'Alfonso, der Kirche der Redemptoristen, verehrt, aber kaum jemand außerhalb von Rom denkt noch an diese Gnadenstätte.
Pater Mindera schrieb über die Geschichte der Verehrung der »Immerhilf«:
»Die Redemptoristen pflegen die Verehrung Mariens als Mutter von der Immerwährenden Hilfe. Die Andacht geht von einem byzantinischen Tafelbild aus, das im 15. Jahrhundert vor den Türken von Kreta nach Rom in Sicherheit gebracht worden war und in der Augustinerkirche San Matteo in der Via Merulana verehrt wurde. Nachdem das Gotteshaus in den Tagen der napoleonischen Besetzung zerstört worden war, blieb das Bild bis 1862 verschollen. Es erfreut sich seit seiner 1866 erfolgten Übertragung in die Kirche des heiligen Alfons beim römischen Volk wieder größter Wertschätzung, so daß die Redemptoristenkirche lange Zeit die besuchteste unter den rund zwanzig Andachtsstätten der Helferin der Christen in Rom war. Zahllose Abdrucke kommen bei Gelegenheit von Volksmissionen der Redemptoristen unter das christliche Volk auf der ganzen Welt.«

O Maria, hilf doch mir!
Sieh, es fleht ein Kind zu dir.
Du bist es ja, die helfen kann.
Nimm dich, Mutter, meiner an.

Zum Bild auf Seite 69

Das Bild in der römischen Kirche Sant'Alfonso, wahrscheinlich ein Original aus der Werkstatt des Andrea Rico da Candia (Kreta), wurde wiederholt und nicht zu seinem Vorteil restauriert. Mit Rico ist ausnahmsweise der Name des Schöpfers einer Ikone bekannt. Seine Werkstatt auf Kreta schuf viele Ikonen, die sowohl nach dem Westen wie nach dem Osten geliefert wurden. Die für den Westen bestimmten wurden mit lateinischen Buchstaben beschriftet, die für den Osten mit griechischen oder kyrillischen. Deshalb gibt es keine Unterschiede zwischen der »Passionsmadonna« des Ostens und der »Immerhilf« des Westens; sie sind identisch. Das Passionsmotiv hat seine Wurzel in der Mutter des Erbarmens, die den Leidensweg ihres Kindes voraussieht. In der weiteren Entwicklung des Motivs umfaßt das Kind angstvoll den Daumen der Mutter. Damit ist angezeigt, daß auch das Jesuskind selbst sein Schicksal erahnt. Diese seine Angst wurde dann im Bild von Rico von Candia deutlich motiviert: die beiden Engel in den oberen Ecken halten Leidenswerkzeuge in den Händen. Das Kind dreht sich erschrocken zu ihnen um. Dadurch wird sinnfällig, daß jetzt der Leidensweg beiden bekannt ist, der Mutter und dem Kind.
Lag es an der leichten Deutbarkeit oder der ikonenhaften Form – die »Immerhilf« wurde im Westen das am weitesten verbreitete Andachtsbild. In vielen Kirchen brennen ständig Kerzen vor einer solchen Abbildung. Papst Pius IX. gestattete ein Muttergottesfest unter dem Titel »Maria von der Immerwährenden Hilfe« am 27. Juni.

Samstag nach dem 2. Sonntag nach Pfingsten

UNBEFLECKTES HERZ MARIÄ

Ausschnitt aus dem Herz-Mariä-Bild im Institut der Englischen Fräulein in Bamberg. Sebastian Gütlein hat es 1846 für die Bamberger Herz-Mariä-Bruderschaft gemalt, die in der Institutskirche ihre Andachten abhält. Die Bamberger Bruderschaft zählt heute wieder einige tausend Mitglieder; sie gehört der Erzbruderschaft der Pfarrkirche Notre-Dame de Victoire in Paris an. Die Bamberger Gründung wurde durch Wallfahrten nach Maria Einsiedeln in der Schweiz angeregt.

Die liturgische Kalenderreform hat das Fest vom unbefleckten Herzen Mariens, das am 22. August, dem Oktavtag des Festes Mariä Himmelfahrt, gefeiert wurde, auf den Samstag nach dem 2. Sonntag nach Pfingsten gelegt; es folgt damit unmittelbar auf das Herz-Jesu-Fest. Wenn es auch seinen früheren Rang verloren hat, so ist es doch wieder ein Gewinn, daß Herz Jesu und Herz Mariä auch zeitlich ganz eng nebeneinanderstehen und aufeinanderfolgen und so jene Einheit bilden, die in unseren Familien bisher schon bildmäßig mit dem Kreuz in der Mitte wahrzunehmen war.

So war es im Grunde nichts Neues, als Papst Pius XII. gegen Ende des Zweiten Weltkrieges ein eigenes Fest vom unbefleckten Herzen Mariä für die ganze Kirche einsetzte. Viele glaubten damals freilich, daß die Einsetzung dieses Festes einzig und allein auf die Erscheinungen der Gottesmutter in Fatima 1917 zurückgehe. Das ist, wie gesagt, nur zum Teil richtig. Denn selbst wenn eine Erscheinung von oben den äußeren Anlaß für die Einführung eines Festes bildet, so liegt der entscheidende Grund immer in der Sache selbst, ob die betreffende Andachtsübung gut und für das christliche Volk nutzbringend ist und ob sie sich mit den Glaubenslehren der Kirche in Übereinstimmung befindet. So können wir auch bei der Verehrung des unbefleckten Herzens Mariens sagen, daß diese Andachtsübung nicht erst seit Fatima aufgekommen ist, sondern daß sie sich in ihren theologischen Grundgedanken durch all die Jahrhunderte zurückverfolgen läßt bis weit in die Anfänge der neutestamentlichen Offenbarung selbst.

Wenn wir nun den Spuren der Herz-Mariä-Verehrung durch die Jahrhunderte nachgehen, so stoßen wir zunächst im 19. Jahrhundert auf ein Vorkommnis in Paris, das den Anstoß zur Gründung der Herz-Mariä-

Bruderschaft gegeben hat. Dort wirkte in der Pfarrei Notre-Dame des Victoires (Maria von den Siegen) ein seeleneifriger Priester namens Des Genettes. Diese Pfarrei befand sich in einem Stadtviertel, wo krassester Materialismus herrschte. Selbst an den höchsten Feiertagen war die Kirche fast menschenleer. Jedes religiöse Gefühl schien wie erloschen und sogar die Sterbesakramente wurden nur ganz selten begehrt. Am 3. Dezember 1836 drängte sich dem frommen Seelsorger plötzlich bei der Feier der heiligen Messe der Gedanke auf: Willst du die Sünder deiner Pfarrei retten, so weihe sie dem heiligsten und unbefleckten Herzen Mariens. Der Gedanke ließ ihm keine Ruhe mehr. Er entwarf sofort Statuten zu einer Herz-Mariä-Bruderschaft, und schon die Teilnahme an der ersten Andacht war wider Erwarten groß. Und gleichsam, als ob der Himmel das fromme Werk segnen wollte, bekehrte sich ein achtzigjähriger verstockter Sünder, der bisher jeden priesterlichen Beistand abgelehnt hatte. Als eigentlicher Gründungstag dieser Herz-Mariä-Bruderschaft gilt der 16. Dezember 1836. Papst Gregor XVI. erhob dann 1838 die Bruderschaft zu einer Erzbruderschaft, und im Laufe der Zeit erreichten die angeschlossenen Bruderschaften die Zahl von 20 000 mit Millionen von Mitgliedern. Aber auch dieses Jahr 1836 kann noch nicht als die Geburtsstunde des neuen Festes angesprochen werden. Wieder müssen wir in der Geschichte zurückgehen und kommen so zu einem Heiligen, der das Frömmigkeitsleben in hohem Maße beeinflußt hat. Es ist der heilige Johannes Eudes, der Apostel der Herz-Jesu- und Herz-Mariä-Verehrung. Im Jahre 1643 feierte er zum erstenmal in seiner Klostergemeinde das Fest des Herzens Mariä, nicht »ohne göttliche Eingebung«, wie es im Seligsprechungsdekret Pius' X. vom 11. April 1909 heißt, so daß er also »als Vater, Lehrer

Glasfenster im Institut der Claretiner in Frankfurt-Süd mit einem Herz-Mariä-Motiv.

und Apostel« dieser Andacht gelten muß. Das Fest hieß damals freilich noch nicht »vom unbefleckten Herzen Mariä«, sondern vom »reinsten Herzen Mariä«. Es wurde 1648 in den Genossenschaften des Heiligen offiziell eingeführt und später von einem päpstlichen Legaten bestätigt. Dieses Fest wurde dann 1805 von dem in den napoleonischen Wirren schwer heimgesuchten Papst Pius VII. allen Diözesen zugestan-

den, die sich darum bewarben, und von Pius IX. 1855 erneut approbiert.
Als dann 1900 Leo XIII. die Welt feierlich dem Herzen Jesu weihte, wurde der Wunsch immer lauter, daß diese Weltweihe durch die Weihe an das Herz Mariä ergänzt werden möge. Aber die Zeit war noch nicht gekommen, obwohl in den folgenden Jahren immer wieder Bittgesuche mit Hunderttausenden, ja Millionen von Unterschriften an den Apostolischen Stuhl gelangten. 1914 richtete der Eucharistische Kongreß an Pius X. die Bitte, es möchte die Weltweihe an Maria vorgenommen werden, ebenso der Marianische Kongreß 1930 zu Lourdes an Pius XI. Hier sehen wir deutlich, wie wunderbar Gott seine Kirche führt. Nichts geschieht überstürzt und übereilt. Die Zeit war immer noch nicht gekommen, obwohl die Herz-Mariä-Verehrung seit drei Jahrhunderten ihren Siegeslauf angetreten hatte. Erst in unseren Tagen, als der Himmel selber eingriff, als die Not aufs höchste gestiegen und das Geheimnis von Fatima enthüllt war, kam die Stunde, die Welt dem unbefleckten Herzen Mariens zu weihen und ein eigenes Fest einzusetzen.
So war denn der heilige Johannes Eudes der erste, der die Andacht zum Herzen Mariens pflegte und verbreitete. Das besagt natürlich nicht, daß es nicht schon vor ihm gläubige Seelen gab, die sich dem Herzen der Gottesmutter besonders verbunden wußten. Es war ähnlich wie bei der Herz-Jesu-Verehrung. Wohl geht die Herz-Jesu-Verehrung in ihrer heutigen Gestalt auf Maria Margareta Alacoque und die Erscheinungen des Heiligsten Herzens Jesu zurück, aber wir wissen ja, wie innig das Erlöserherz gerade im Mittelalter bei uns in Deutschland verehrt wurde.
Ebenso war es bei der Herz-Mariä-Verehrung. In einem mittelalterlichen Gebetbuch lesen wir: »Ich lobe und danke Gott dem Sohn, daß er dich in seiner ewigen Weisheit zu seiner Mutter erwählte und seine reine Menschheit von dem edlen Blut deines jungfräulichen Herzens empfangen hat.« Schon damals treffen wir auf eine Andacht zu den fünf Herzens-Leiden der allerseligsten Jungfrau. Die Seele des Beters versenkt sich da in alles, was das reinste Herz Mariens betrübt hat, und zwar näherhin bei dem Verlust ihres Kindes in Jerusalem, bei dem Leid, das sie in der Heiligen Nacht des Abendmahles erduldete, bei ihrem

Alter Gebetszettel

Kreuz und Anker sind an den Mariensäulen der Camargue zum Herz Mariä geformt.

Schmerz, als sie unter dem Kreuze stand und als man ihren Sohn ins Grab legte. – Aus dem Kloster Dießen am Ammersee aber wird uns von einer schönen Sitte berichtet: Dem dreimaligen Englischen Gruß fügte man einen Lobpreis bei zu Ehren des unbefleckten Herzens Mariä: »O allerehrwürdigste Königin der Barmherzigkeit. Ich grüße den ehrwürdigen Tempel deines Leibes, in dem geruht Gott, mein Herr. Ave Maria. O allerehrwürdigste Königin der Barmherzigkeit. Ich grüße dein jungfräuliches Herz, welches das allerreinste gewesen ist ohne allen Makel der Sünde. Ave Maria. O allerehrwürdigste Königin der Barmherzigkeit. Ich grüße deine alleredelste Seele, geziert mit den allerköstlichsten Gaben aller Gnaden und Tugenden. Ave Maria.« – Auch hier ist es wie bei der mittelalterlichen Herz-Jesu-Verehrung. Der Rauhreif der Glaubensneuerung des 16. Jahrhunderts legte sich auch auf diese zarte Blüte der Marienverehrung.
Wir müssen aber noch weiter zurückgehen in der Verehrung des Herzens Mariä, zurück bis zur Offenbarung Gottes selbst. Zweimal spricht der Evangelist davon, daß Maria alle Worte in ihrem Herzen erwog (Lk 2, 18) und alle diese Vorgänge in ihrem Herzen bewahrte (Lk 2, 51). Sinnend ist Maria den Geheimnissen Gottes nachgegangen, hat sie in ihrem Herzen überdacht. Mariens Herz ist die Schatzkammer der göttlichen Geheimnisse. Ist das nicht auch für uns ein

---

Das Herz-Mariä-Fest wird in Frankreich seit 1688 begangen. Aber auch in anderen Ländern wurde dem Herzen Mariens besondere Verehrung zuteil. So besteht z. B. in Trautmannshofen (Diözese Eichstätt) seit über 150 Jahren eine Herz-Mariä-Bruderschaft, die sich vor dem Herz-Mariä-Altar (rechter Seitenaltar) zu Gebet und Feier regelmäßig trifft.

Fingerzeig, uns an das Herz der Mutter zu wenden, wenn wir tiefer in die Geheimnisse unseres Glaubens eindringen wollen? Vielleicht aber dürfen wir noch einen Schritt weitergehen. Wenn wir uns erinnern, daß der Ausdruck »Wort« doppelsinnig ist und als »Logos« Christus bedeutet, dann besagt diese angeführte Stelle nichts anderes, als daß Maria »Jesus« in ihrem Herzen bewahrte. Wenn wir also zur Mutter gehen, dann finden wir in ihrem Herzen ihren Sohn. Hier stehen wir, wie wir schon einmal sagten, an der Schwelle der Marienmystik, die auch Passionsmystik ist. Denn so wie das Herz ihres Sohnes von der Lanze geöffnet wurde (Joh 19, 34), so ward ihre Seele vom Schwert der Leiden durchbohrt. Herz-Jesu-Verehrung und Herz-Mariä-Verehrung sind nicht zu trennen. In dieser Leidensstunde wurde Maria zum zweiten Male Mutter. Papst Pius XII. hat dies in seiner Enzyklika »Mystici corporis Christi« so dargestellt: »Maria hat den geheimnisvollen Leib Christi, der aus dem durchbohrten Herzen des Heilandes geboren ward, mit derselben innigen Mutterliebe und Sorge begleitet, womit sie das Jesuskind in der Krippe und an ihrer Brust umhegte und nährte.« Diese mütterliche Sorge gewahren wir aber schon früher. Sie war es, die in Kana die Verlegenheit der Brautleute bemerkte und sich bittend an ihren göttlichen Sohn wandte, und wiederum erklärt Papst Pius XII.: »Ihr Einziggeborener hat auf ihre Mutterbitte zu Kana in Galiläa das Wunderzeichen gewirkt, auf das hin ›seine Jünger an ihn glaubten‹« (Joh 2, 11). Dieses Herz ist auch die Quelle jener heiligen, übernatürlichen Freude, die Maria zur »Ursache unserer Freude« werden ließ. Das Magnificat, das Morgenlied der Erlösung, ist der Hochgesang ihres Herzens: »Hochpreist meine Seele den Herrn, und mein Geist frohlockt in Gott, meinem Heiland« (Lk 1, 46).

Wir haben in unserer bisherigen Betrachtung wohl vom Herzen Mariens gesprochen, aber eines übersehen; denn das Fest, das Papst Pius XII. eingeführt hat, gilt nicht dem Herzen der Gottesmutter im allgemeinen, sondern ihrem unbefleckten Herzen. Damit ist offensichtlich zum Ausdruck gebracht, daß dieses Herz frei geblieben ist von allem Makel der Erbsünde und von aller persönlichen Sünde. Nun hat uns der Evangelist Markus ein Wort des Herrn überliefert, das uns zeigt, wie sehr unser Herz von dem der Gottesmutter verschieden ist. »Von innen«, sagt der Heiland, »aus dem Herzen der Menschen, kommen die bösen Gedanken, Ehebruch, Unzucht, Mord, Diebstahl, Geiz, Bosheit, Betrug, Schamlosigkeit, böser Blick, Lästerung, Hoffart, Torheit. All dies Böse kommt von innen heraus und verunreinigt den Menschen« (Mk 7, 20–23). – Das ist unser Herz! Und nun blicken wir auf das Herz Mariens, in dem sich nichts von all dem findet; es ist neben dem Herzen Jesu das einzige unbefleckte Herz, das reinste Herz, das Herz voll Güte und Liebe und Heiligkeit.

Auf dieses Herz deutet der Stellvertreter Christi. Papst Pius X. hatte einst den Regenbogen, der nach der Sintflut erschien, auf Maria bezogen. Sie ist die Friedensstifterin zwischen Gott und den Menschen und das Bundeszeichen zwischen ihm und der Erde. Mitten in der Katastrophe des zweiten Weltkrieges hat Pius XII. die Menschheit dem Mutterherzen Mariens geweiht. Von ihm erwartet er sich den Triumph des Gottesreiches und den Frieden der Völker, wenn jenes Wort in Erfüllung gehen wird, das Maria einst in Fatima gesprochen hat: »Am Ende wird mein unbeflecktes Herz triumphieren.«

MARIA IM JULI

Der Engel des Herrn

Der Engel des Herrn brachte Maria die Botschaft, und sie empfing vom Heiligen Geist. – Gegrüßest seist du, Maria, voll der Gnaden ...

Maria sprach: Siehe, ich bin die Magd des Herrn, mir geschehe nach deinem Wort. – Gegrüßet seist du, Maria, voll der Gnaden ...
Und das Wort ist Fleisch geworden und hat unter uns gewohnt. – Gegrüßet seist du, Maria, voll der Gnaden ...
Bitte für uns, o heilige Gottesmutter. Auf daß wir würdig werden der Verheißungen Christi.
Lasset uns beten. – Allmächtiger Gott, gieße deine Gnade in unsere Herzen ein. Durch die Botschaft des Engels haben wir die Menschwerdung Christi, deines Sohnes, erkannt. Laß uns durch sein Leiden und Kreuz zur Herrlichkeit der Auferstehung gelangen. Darum bitten wir durch Christus, unsern Herrn. Amen.

2. Juli

MARIÄ HEIMSUCHUNG

Während dieses Fest im Generalkalender auf den 31. Mai gelegt wurde, ist im deutschen Sprachgebiet mit Rücksicht auf die tiefe Verwurzelung in der Volksfrömmigkeit (Wallfahrten, Kirchentitel) der alte Termin beibehalten worden.

Überblick

An dieser Stelle ist es einmal überlegenswert, wie das »marianische Kirchenjahr« mit dem »Christus-Kirchenjahr« verklammert ist. Während das »Christus-Jahr« mit Mariä Verkündigung beginnt, weil ja hier die Empfängnis Christi aus dem Heiligen Geist erfolgte, nimmt das »marianische Jahr« seinen Anfang am 8. Dezember mit der unbefleckten Empfängnis der Gottesmutter. Der Geburt Christi neun Monate später, am Weihnachtstag, entspricht dann Mariä Geburt am 8. September. Das »marianische Jahr« mündet nun in das »Christus-Jahr« ein und verzeichnet als erstes Datum wiederum das Fest Mariä Verkündigung, dem – geschichtlich gesehen – als zweites Ereignis Mariä Heimsuchung, das größte marianische Fest des Juli, folgt, das wir im Rosenkranz erwähnen mit: »Den du, o Jungfrau, zu Elisabeth getragen hast.« – An diesem Tag berühren Maria und Jesus sozusagen einen dritten Lebenskreis, den des Vorläufers Johannes des Täufers. Auch hier ist das geschichtliche Ereignis denkbar einfach. Verwandte Frauen, die gesegneten Leibes sind, begrüßen einander in heiliger Freude. Beide haben die wunderbare Macht und Liebe Gottes an sich erfahren. Beide sind Mütter geworden entgegen dem natürlichen Ablauf. Aber so wie ihre Kinder noch verborgen im Mutterschoß ruhen, so liegt auch unter diesem geschichtlichen Ereignis, das an sich schon wunderbar genug ist, ein tiefes Geheimnis verborgen, das die Kirche von jeher in der Heiligung des Vorläufers Christi erblickte. In diesem Geheimnis gibt Christus bereits das große Ziel seiner Menschwerdung an, nicht das Leid der Welt wegzunehmen, sondern die Sünde, nicht die Heilung der Körper zu bewirken, sondern die Heiligung der Seelen.

Es scheint, als ob gerade dieses Geheimnis für alle marianischen Vereinigungen von tiefer Bedeutung ist. Mariendienst ist Apostolat. Wie Maria zu Elisabeth ging, um ihr Liebesdienste zu erweisen, so müssen auch wir zu den Menschen gehen, um ihnen Gutes zu tun. Aber wie Christus vor allem die Heiligung seines Vorläufers beabsichtigte, so sollen auch wir uns in erster Linie um das Seelenheil des Mitmenschen kümmern. Gewiß, auch die leibliche Not ist groß, aber um wieviel größer ist die seelische Not der Menschen von heute! In der Behebung der leiblichen Not wetteifern viele Organisationen, auch nichtkatholische, ja sogar nichtchristliche, aber wie wenige Christen gibt es, die – selbstverständlich in taktvoller, vornehmer Weise – die seelische Not des Nächsten zu lindern suchen! Die leiblichen Werke der Barmherzigkeit aufzuzählen, vermögen verhältnismäßig noch viele: Hungrige speisen, Durstige tränken, Nackte bekleiden, Kranke besuchen, Fremde beherbergen, Gefangene erlösen, Tote begraben. Wer indessen kennt heute noch die geistlichen Werke der Barmherzigkeit: die Sünder zurechtweisen, Unwissende lehren, Zweifelnden recht raten, Betrübte trösten, das Unrecht geduldig leiden, denen, die uns beleidigen, gern verzeihen, für die Lebendigen und Toten Gott bitten. Vielleicht fehlt es sogar an der Schulung für diese wirkliche »Seel«-Sorge am Nächsten? Oder muß überhaupt erst wieder das Verständnis dafür geweckt werden, daß wir auch für das ewige Seelenheil unseres Mitbruders und unserer Mitschwester verantwortlich sind? Wie sagt doch der Völkerapostel: »Die Glieder sollen einmütig fürein-

ander Sorge tragen. Wenn ein Glied leidet, so leiden alle Glieder mit« (1 Kor 12, 26).
Über dieser Pflicht zum Apostolat dürfen wir aber eines nicht vergessen: die Pflicht zur Selbstheiligung. Papst Paul VI. hat Maria bei ihrem Besuch der Mutter des Vorläufers als die »betende Jungfrau« geschaut; denn diese Heimsuchung ist die Geburtsurkunde des Magnificat (vgl. Lk 1, 46–55), jenes Gebetes, »bei dem Mariens Seele überströmt in Worten der Verherrlichung Gottes, der Demut, des Glaubens, der Hoffnung«. Das Magnificat ist das Gebet Mariens im wahrsten Sinne des Wortes, das Lied der messianischen Zeiten, in dem der Jubel des alten und neuen Israel zusammenklingt, weil im Lobgesang Mariens – wie der heilige Irenäus nahezulegen scheint – das Frohlocken Abrahams anklang, der den Messias vorausahnte (vgl. Joh 8, 56) und in prophetischer Schau die Stimme der Kirche erscholl: Maria frohlockte und sprach prophetisch für die Kirche: »Hochpreiset meine Seele den Herrn.« Der Lobgesang der Jungfrau muß auch unser Gebet sein.
Das Magnificat ist nach den Worten Kardinal Faulhabers »das erste Lied des Evangeliums, das Morgenlied der erlösten Menschheit, das Lied von der heiligen Freude... Wie der Diakon in der Osternacht mit dem Exsultet den Umschlag der Karwochentrauer zur Osterwoche verkündet, so soll das marianische Exsultavit unseres Liedes von der unerlösten Vorzeit in das Zeitalter der Erlösung überleiten. Ein Jubellied sollte die neue Zeit des Heiles ansagen, nicht ein Klagelied auf einer Harfe mit zersprungenen Saiten, noch weniger ein Fluchpsalm« (Die Vesperpsalmen, München 1929, S. 325). Schöner kann dieser marianische Hymnus wohl kaum geschildert werden.

Magnificat

Da sagte Maria:
Meine Seele preist die Größe des Herrn,
und mein Geist jubelt über Gott, meinen Retter.
Denn auf die Niedrigkeit seiner Magd hat er geschaut.
Siehe, von nun an preisen mich selig alle Geschlechter.
Denn der Mächtige hat Großes an mir getan,
und sein Name ist heilig.
Er erbarmt sich von Geschlecht zu Geschlecht
über alle, die ihn fürchten.
Er vollbringt mit seinem Arm machtvolle Taten:
er zerstreut, die im Herzen voll Hochmut sind;
er stürzt die Mächtigen vom Thron
und erhöht die Niedrigen.
Die Hungernden beschenkt er mit seinen Gaben
und läßt die Reichen leer ausgehen.
Er nimmt sich seines Knechtes Israel an
und denkt an sein Erbarmen,
das er unseren Vätern verheißen hat,
Abraham und seinen Nachkommen auf ewig.

Der Buchkünstler erzählt die Begegnung Mariens mit Elisabeth. Zugleich illustriert er die Aussage des Lukasevangeliums, nach der das Kind Elisabeths »in ihrem Schoß hüpfte«, als Maria ihr den Gruß entbot. So begegnen nicht nur die Mütter einander, sondern auch Christus und Johannes. Während Jesus segnet, hält Johannes anbetend die Hände hoch.
Initial eines Graduales vom Ende des 13. Jahrhunderts, Karlsruhe, Landesbibliothek.
Bildarchiv Foto Marburg

Das Festgeheimnis

Mariä Heimsuchung ist nicht nur die Geburtsstunde des Magnificat, sondern die Fortsetzung des Engelsgrußes von Nazareth. Mariä Verkündigung und Mariä Heimsuchung gehören zusammen: Der Erzengel hatte begonnen: »Gegrüßet seist du, Maria, du bist voll der Gnade, der Herr ist mit dir«, und Elisabeth fährt fort: »Du bist gebenedeit unter den Frauen und gebenedeit ist die Frucht deines Leibes« (Lk 1, 42). Das alles ist uns wohl bekannt. Aber zuwenig achten wir auf das Wort des Evangelisten, das vorausgeht: »Elisabeth wurde erfüllt vom Heiligen Geist und rief mit lauter Stimme.« Der Gruß Elisabeths kommt also vom Heiligen Geist. Der Anfang unseres »Gegrüßest seist du, Maria« stammt vom Engel, die Fortsetzung vom Heiligen Geist. Wenn wir doch öfter an diese Herkunft dächten, wir würden das Ave-Maria andächtiger beten. Es würde nicht schaden, wenn wir beim Beten des Rosenkranzes uns zuerst im Vaterunser an Christus erinnerten, der uns dieses Gebet gelehrt hat, an den Erzengel Gabriel, der Maria begrüßte, an den Heiligen Geist, der Elisabeth inspirierte, und an die Kirche, die den Schluß des Ave-Maria formulierte.
Nun noch eine kurze Überlegung zum Namen dieses Festes. Der deutsche Name lautet »Mariä Heimsuchung«. Dieses Wort hat einen Bedeutungswandel mitgemacht. Während es früher sowohl ein gnadenhaftes Kommen Gottes wie auch sein strafendes Kommen bedeutete, hat es heute fast nur mehr den Sinn eines Strafgerichtes oder doch jedenfalls einer Schickung, die mit einem Leid für uns verbunden ist. Nun darf man nicht vergessen, daß auch solch bittere Stunden des Leides, die Gott uns schickt, trotzdem Heimsuchungen seiner Gnade und Liebe sind, weil Gott uns gerade dadurch auf den rechten Weg zurückführen will. In diesem Sinn muß auch die »Heimsuchung« aufgefaßt werden, von der bei der dritten Erscheinung Mariens in Fatima am 13. Juli 1917 die Rede ist. Damals hatte ja die Gottesmutter das eigentliche Geheimnis von Fatima enthüllt. Es war wirklich eine »Visitatio Mariae«, ein Besuch der Mutter auf dieser Erde, die nie zur Ruhe kommen kann und immer wieder heimgesucht wird von Hunger und Krieg, von Not und Tod. Aber trotz des Schauerlichen, was damals die Kinder in der Höllenvision gesehen hatten und was Maria in Aussicht gestellt hatte, war es doch eine Heimsuchung in Gnade, um eben dadurch die Menschen zur Umkehr und Buße zu bewegen. Denn noch kann das Furchtbare abgewendet werden, wenn wir das tun, was Maria sagte. Wenn aber nicht, »dann wird Rußland seine Irrtümer über die Welt verbreiten und Kriege entfesseln; viele der Guten werden das Martyrium erdulden, der Heilige Vater wird viel zu leiden haben; verschiedene Nationen werden vernichtet werden«.
Denken wir im Monat Juli und vor allem am Fest Mariä Heimsuchung an diese Worte und tun wir von unserer Seite aus alles, damit die dritte Erscheinung der Gottesmutter in Fatima eine Heimsuchung zu unserem Heil und nicht zu unserem Leid werde.

9. Juli

KÖNIGIN DES FRIEDENS

Das entscheidungsreiche Jahr 1917, das weltpolitisch den Ausbruch des Bolschewismus brachte und innerkirchlich durch die Erscheinungen Mariens in Fatima gekennzeichnet ist, weist noch ein anderes marianisches Ereignis auf. Am 5. Mai 1917 verfügte Papst Benedikt XV. in einem Schreiben an den Kardinalstaatssekretär Pietro Gasparri, daß von nun in die Lauretanische Litanei die Anrufung eingefügt werde: »Königin des Friedens, bitte für uns.« Seitdem sind über sechzig Jahre vergangen, und wenn auch nach außen hin die Waffen bei uns schweigen, so wissen wir doch alle, wie sehr der Frieden ständig bedroht ist.

Wenn man das Kalendarium der Marienfeste in aller Welt durchblättert, findet man viele Feste zu Ehren »Maria vom Frieden«. Aber auch der Titel »Königin des Friedens« ist schon älteren Ursprungs. P. Franziskus Maria Stratmann O. P. erwähnt in seinem Buch »Regina pacis« (Berlin 1927), daß zwar in einer altirischen Marienlitanei Maria als »Vorbotin des Friedens« gefeiert wird, er zitiert auch ein Gebet aus dem Dreißigjährigen Krieg, in dem Maria »als erlauchteste Königin des Friedens« gegrüßt wird, er gibt aber zu, daß es ihm bis jetzt nicht gelungen sei, den Ursprung des Titels »Friedenskönigin« klarzustellen. Weiterhin spricht er von einem Fest »Regina pacis« vom 9. Juli, das »mancherorts gefeiert wird oder gefeiert worden ist«. Dieses Fest bestand nun tatsächlich und wurde am 7. September 1658 für die von Johannes Eudes gegründete Kongregation der heiligsten Herzen Jesu und Mariens approbiert. Über andere Feste zu Ehren der Königin des Friedens orientiert das von Holweck herausgegebene Kalendarium Liturgicum Festorum Dei et Dei Matris Mariae (Philadelphia 1925).

Wichtiger als diese geschichtlichen Notizen ist für uns die Tatsache, daß schon bald nach dem Ausbruch des Ersten Weltkrieges eine Reihe von Bischöfen den Apostolischen Stuhl ersuchte, es möge in der Lauretanischen Litanei nach der Anrufung der Rosenkranzkönigin angefügt werden: »Königin des Friedens, bitte für uns.« Daraufhin gab der Papst am 16. November 1915 den Bischöfen dazu die Erlaubnis, aber nur für die Dauer des damaligen Krieges. Eineinhalb Jahre später machte er diese Einfügung für immer verpflichtend. Er tat dies in einem Brief an den schon erwähnten Kardinalstaatssekretär. Dieses Schreiben ist so bedeutsam – auch für unsere Tage – daß wir es uns nicht versagen können, daraus einiges wörtlich oder wenigstens gedanklich hier vorzulegen, obwohl der Papst nicht den 9. Juli zum Ausgangspunkt nimmt, sondern den Juni als Monat der heiligsten Herzen.

Schon die Überschrift ist vielsagend: »Über den Frieden von Jesus Christus kraft der Fürbitte seiner Mutter Maria durch häufiges Beten zu erreichen.« Dieser Gedanke, daß der Papst sich den Frieden nicht unmittelbar von der Gottesmutter erwartet, sondern durch ihre Vermittlung bei Jesus Christus, durchzieht übrigens das ganze Schreiben und ist ein Zeichen dafür, wie exakt dogmatisch der Papst seinen Brief aufbaut.

Nachdem der Papst sodann von seinen erfolglosen Friedensbemühungen gesprochen hatte, gibt er trotzdem der Hoffnung Ausdruck, daß »die Herzen der Regierenden... der Stimme der Völker, die nach Frieden ruft, nicht länger widerstehen« werden und fährt dann fort:

»Zu diesem Ziele möge besonders in dem Monat, der seinem heiligsten Herzen geweiht ist, das demütige und vertrauensvolle Gebet der unglücklichen Menschheit zu Jesus emporsteigen, um von ihm die Abwendung der schrecklichen Geißel zu erflehen. Möge jeder sich oft in dem heilsamen Bade der heiligen Beichte reinigen, in der heiligen Kommunion sein Herz mit dem liebenden Herzen Jesu vereinigen und

mit liebender Zudringlichkeit seine Bitte darbringen. Und da alle Gnaden, die der Geber alles Guten den armen Adamskindern zu gewähren sich würdigt, nach dem liebreichen Ratschluß seiner göttlichen Vorsehung durch die Hände der Jungfrau gespendet werden, so wollen Wir, daß in dieser schrecklichen Stunde lebendiger und vertrauensvoller als je zur erhabenen Gottesmutter das Flehen ihrer betrübten Kinder sich wende. Darum geben Wir Ihnen, Herr Kardinal, den Auftrag, allen Bischöfen der Welt Unser glühendes Verlangen kundzugeben, daß man zum heiligsten Herzen Jesu, dem Throne der Gnaden, seine Zuflucht nehme, und zwar durch die Vermittlung Mariens. So verordnen Wir denn, daß vom ersten Tage des nächsten Monats Juni an die Anrufung ›Regina pacis – ora pro nobis‹, die Wir den Ordinarien durch Dekret der Heiligen Kongregation für außerordentliche kirchliche Angelegenheiten vom 16. November 1915 der Lauretanischen Litanei zeitweilig hinzuzusetzen erlaubten, für immer eingefügt bleibe.
Möge sich dann zu Maria, der Mutter der Barmherzigkeit, die durch die Gnade allvermögend ist, von jedem Winkel der Erde, in den majestätischen Tempeln wie in den kleinsten Kapellen, in den Residenzen und Häusern der Großen wie in der kleinsten Hütte, wo immer eine gläubige Seele wohnt, von den blutgetränkten Schlachtfeldern und vom Meere, die fromme und innige Anrufung erheben und den Angstschrei der Mütter und Bräute, das Wimmern der unschuldigen Kindlein, die Seufzer aller edelgesinnten Herzen emportragen. Möge sie ihre zärtliche und liebreiche Fürsorge bewegen, der in Unordnung gebrachten Welt den ersehnten Frieden zu geben; und möge diese dann in den kommenden Jahrhunderten der Wirksamkeit ihrer Fürbitte und der Wohltat, die uns durch sie zuteil geworden ist, eingedenk bleiben.«

Wenn man diese Worte auf sich wirken läßt, so sind sie nicht bloß ein ergreifendes Zeugnis für die väterliche Gesinnung des obersten Hirten der Kirche, der das Leid der Welt zum seinigen macht, sondern auch, wie teilweise schon erwähnt, eine bedeutsame lehramtliche Äußerung. Denn hier ist klar und eindeutig die Gnadenvermittlung Mariens ausgesprochen: Alle Gnaden werden nach dem liebreichen Ratschluß der göttlichen Vorsehung durch die Hände der Jungfrau gespendet. Diese kaum mehr zu überbietende Aussage über die Gottesmutter hindert jedoch den Papst nicht (gleichsam in einem dialektischen Umschlag), Maria völlig Gott unterzuordnen und so auch die richtige Ordnung unseres Bittens darzulegen: Man möge zum heiligsten Herzen Jesu, dem Thron der Gnaden, seine Zuflucht nehmen, und zwar durch die Vermittlung Mariens. Viele Einwände gegen die Marienverehrung müßten verstummen, wenn man sich stets an dieses hier ausgesprochene Gesetz hielte: Durch Maria zu Jesus. – Abgesehen von diesen dogmatischen Überlegungen, wird die Aktualität des päpstlichen

---

Das Gewürm, das sich um die Erde schlängelt und wütend nach oben faucht, wird mit Christi und Mariens Hilfe vernichtet.
Die Gegenreformation liebt dieses Symbol: es stellt nicht nur die Erlösung dar, sondern auch die Überwindung aller Feinde der Kirche. Es ist die gegenreformatorische Triumph-Hoffnung über jegliche Irrlehre. Maria symbolisiert die Siegerin, wie sie es in der Schlacht von Lepanto war, Siegerin, wie sie es vor Wien, vor Peterwardein war, Siegerin in allen Kämpfen der Kirche. Ignaz Günther: Maria vom Siege 1760. Weyarn bei München, Klosterkirche.

Schreibens gerade für unsere Tage ersichtlich. Ist die Welt heute nicht noch mehr »in Unordnung« als damals vor sechzig Jahren? Mehr oder weniger war dieser Erste Weltkrieg doch nur ein europäischer Krieg, an dem wohl außereuropäische Mächte teilnahmen. Heute jedoch schwelen überall Brandherde, nicht bloß in Europa, sondern in Nahost, im Fernen Osten, in Afrika – und nur eines hält mühsam genug den Schein-Frieden aufrecht: die Furcht, ein Krieg könnte das Fortbestehen der Menschheit überhaupt in Frage stellen. Furcht aber ist auf die Dauer kein wirksames Heilmittel. Das einzige, was uns retten kann, ist das Religiös-Sittliche, die Rückkehr zur heiligen Ordnung Gottes oder, wie Papst Benedikt XV. es damals ausdrückte, das wachsende Bewußtsein, daß »alle Menschen sich wieder als Kinder desselben himmlischen Vaters und als Brüder betrachten«. Damit hat der Papst im Entstehungsjahr des Bolschewismus die christliche Antwort gegeben auf die Revolutionsparole: »Proletarier aller Länder, vereinigt euch!« So erfährt auch von daher das päpstliche Schreiben seine Gegenwartsbedeutung.
Feiern wir deshalb alljährlich die Gottesmutter als Königin des Friedens in dem Sinn, daß wir in diesen unruhigen und angsterfüllten Zeiten zur Königin des Friedens gehen, zur »Mutter der Barmherzigkeit, die durch die Gnade allvermögend ist«, damit »ihre zärtliche und liebreiche Fürsorge der in Unordnung geratenen Welt den ersehnten Frieden gebe«.

Zur Königin des Friedens

Heiligste Jungfrau, du bist die Mutter Gottes und unsere liebevolle Mutter. Infolge deiner Würde als Gottesmutter darfst du teilnehmen am Vorrecht deines göttlichen Sohnes, an seiner allumfassenden Königsherrschaft. Wir sind deine demütigen Diener, deine treuen Kinder. Wir fühlen uns getröstet, wenn wir daran denken, wie der Erlöser der Menschen von den Propheten und den Engeln zu Bethlehem sich ankündigen ließ unter dem schönen Titel Friedenskönig, wie es ebenso dir höchst angenehm und willkommen sein muß, wenn wir dich als Königin des Friedens anrufen und verehren. Dieser Titel paßt so gut für dein mütterliches Herz.
Mit ganzer Seele, mit großer Inbrunst flehen wir zu dir. Durch deine mächtige Fürsprache halte Zwietracht und Haß von den Völkern fern, lenke alle Herzen auf den Weg brüderlicher Liebe und des Friedens. Liebe und Frieden hat Jesus die Menschen gelehrt und ihnen eindringlich ans Herz gelegt zu ihrem allgemeinen Wohl. Auf diesem Weg sucht die heilige Kirche unaufhörlich uns zu leiten. Ruhmreiche Königin, schau huldvoll herab auf die väterlichen Bemühungen unseres Heiligen Vaters, des Stellvertreters deines göttlichen Sohnes hier auf Erden, und gib ihm einen glücklichen Erfolg. Unermüdlich ist er tätig, die Menschen hinzuführen zum einzigen Mittelpunkt, wo Rettung möglich ist, zum Glauben, und sie in der Einheit des Glaubens zu erhalten. Hilf, daß auch wir dem gemeinsamen Vater uns kindlich unterwerfen und eingehen auf seine wohlgemeinten Absichten. Schenke auch den Politikern die rechte Einsicht. Gib, daß Eintracht herrsche in den Familien, Friede in den Herzen, christliche Liebe in der ganzen Welt. Amen.

16. Juli

UNSERE LIEBE FRAU AUF DEM BERGE KARMEL

Zwei Gedanken bestimmen das heutige Fest. Der erste kommt im liturgischen Titel zum Ausdruck: Maria auf dem Berge Karmel, von jenem Berg also, der eine so große Rolle im Leben des Propheten Elias spielt; jener Berg, auf dem sich einst im 13. Jahrhundert Einsiedler zu einer Gemeinschaft zusammenschlossen. Die Beziehung zur Gottesmutter ist im ersten Buch der Könige (18, 44) angedeutet. In der Wolke, die da aus dem Meer aufsteigt, erkennen die Schrifterklärer Maria. So wie aus der Wolke damals nach dreijähriger Dürre und Hungersnot der erquickende Regen niederrauscht, so hat Maria uns den Erlöser der Welt geschenkt.

Der andere Gedanke des Festes hängt mit dem Skapulier zusammen, das der Ordensgeneral Simon Stock von der Gottesmutter erhalten haben soll. Die Forschung hat dies als Legende erwiesen, und die Kirche hat anscheinend aus diesem Grund das früher allgemein gefeierte Fest nur mehr als einfachen Gedenktag in Messe und Brevier festgehalten. Grund genug, sich zu fragen, ob man das Fest überhaupt noch begehen soll, zumal durch die Liturgiereform alles »Rankenwerk« beschnitten und die Frömmigkeit auf das Wesentliche hingelenkt werden soll.

Damit stehen wir schon mitten in der Hauptfrage unserer Betrachtung: Haben solche »nebensächlichen« legendären Dinge heute überhaupt noch eine Bedeutung? Sollen wir unsere Frömmigkeit an einer so äußeren Sache wie einem kleinen Gewandungsstück aufhängen? Sollen wir uns nicht lieber ganz auf den Altar konzentrieren? Diese Frage ist heute von großer Bedeutung, und sie betrifft nicht nur das Skapulier, sie betrifft genauso Rosenkranz und Kreuzweg, sie betrifft unsere Zugehörigkeit zu marianischen Kongregationen und Bruderschaften, sie betrifft überhaupt das ganze Gebiet der subjektiven Frömmigkeit, der persönlichen Andachtsübungen und Gebete. Hat das alles heute überhaupt noch einen Sinn? Also doch lieber weg mit all dem Nebensächlichen, all den barokken Heiligenbildern, den Nebenaltären und nur mehr die rein biblische liturgische Frömmigkeit?

Wer so denkt, hat die Liturgiekonstitution nicht oder nur oberflächlich gelesen oder jedenfalls nicht richtig verstanden. Denn wenn auch die Liturgie der »Gipfel ist, dem das Tun der Kirche zustrebt, und zugleich die Quelle, aus der all ihre Kraft strömt«, so stellt die Liturgiekonstitution daneben auch diese drei bedeutsamen Sätze auf:

1. In der heiligen Liturgie erschöpft sich nicht das ganze Tun der Kirche. 2. Das geistliche Leben des Christen, seine Frömmigkeit, Innerlichkeit, deckt sich nicht schlechthin mit der Teilnahme an der Liturgie.
3. Die Andachtsübungen des christlichen Volkes werden sehr empfohlen, sofern sie den Vorschriften der Kirche entsprechen. (Was natürlich bedeutet, daß sie dem Geist der Liturgie nicht widersprechen dürfen.)

Diese drei Sätze sind von größter Bedeutung. Ja, man kann sagen, diese Gedanken umschließen den zeitlich umfassenderen Teil unserer christlichen Existenz. Stellen wir uns nur einmal alles vor, was unter diese drei Sätze fällt: Dazu gehört das weite Gebiet der Glaubensgrundlegung und der Glaubensverkündigung, alle Werke der Liebe, also das weite Gebiet der christlichen Caritas und alle Apostolatsarbeit. Natürlich soll dies alles aus der Liturgie der Kirche fließen, aber in sich ist die apostolische Tätigkeit kein eigentlich liturgisches Tun. Wenn die Krankenschwester dem Kranken das Essen reicht und ihm die Wunden verbindet, ist das kein liturgisches Tun; wenn die Lehrerin die Kinder religiös betreut, dann ist dies wiederum kein liturgisches Tun; wenn die Mitglieder der Legio Mariae oder die Pfarrschwester die zugezoge-

nen Familien besuchen, ist dies wiederum nichts Liturgisches. Und wenn das Konzil sagt, das geistliche Leben des Christen decke sich nicht schlechthin mit der Teilnahme an der heiligen Liturgie, so führt es zwei Beispiele an: einmal das stille persönliche, private Gebet im Kämmerlein, von dem Jesus ausdrücklich spricht, und weiterhin das weitreichende Gebiet der persönlichen Aszese, so wie der Apostel sagt: »Wir müssen allezeit das Sterben Jesu an unserem Leibe tragen, auf daß auch das Leben Jesu offenbar werde an unserem sterblichen Leibe« (2 Kor 4, 10). Wenn man das alles bedenkt, so sieht man, daß das eigentlich liturgische Leben nur ein schmaler Ausschnitt ist aus dem weiten Gebiet des christlichen Tuns und der christlichen Existenz, freilich – nochmals sei es betont – Hochziel und Quelle zugleich des Tuns der Kirche, was wir nie vergessen dürfen.
Das Skapulier gehört nun zu den »pia populi christiani exercitia« – zu den frommen Übungen des christlichen Volkes, die, wie das Konzil sagt, den Vorschriften und Regeln der Kirche entsprechen. Denn das Skapulier ist ein Sakramentale, von der Kirche als gnadenvermittelndes Zeichen eingesetzt, dessen Tragen mit Ablässen versehen ist. Von solchen und ähnlichen Gebräuchen muß gerade heute verlangt werden, daß sie biblisch und liturgisch verankert sind. Dies ist beim Skapulier ohne weiteres möglich. Zweimal spricht der Apostel davon, daß wir Christus angezogen haben: »Zieht vielmehr an den Herrn Jesus Christus« (Röm 13, 14) und: »Denn ihr alle, die ihr auf Jesus Christus getauft werdet, habt Jesus Christus angezogen« (Gal 3, 27). Ist das nicht eine wunderbar tiefe Vorstellung, daß wir als Christen uns mit ihm, mit Christus, bekleidet haben? Welche Verantwortung, der Welt gegenüber als mit Christus bekleidet zu erscheinen, schon rein äußerlich im Kleid Christi uns der Welt zu zeigen!

Zum Bild: Um das neapolitanische Bild »La Bruna« rankt sich die Lukaslegende. Von Lukas angeblich gemalt, war es zunächst im Besitz des Klosters auf dem Berge Karmel. Im 13. Jahrhundert brachten es die Karmeliten-Mönche von Palästina in das neugegründete Kloster nach Neapel. Bald wurden die ersten Wunder gemeldet. Im Heiligen Jahr 1500 hat man die Madonna in feierlicher Prozession nach Rom getragen. Dieses Ereignis bildete den Auftakt einer allgemeinen Verehrung.
Nach ihrer Rückkehr wurde La Bruna die Gnadenmutter der Kranken, der Bedrückten und Bedrängten. Eigene Krankentage und Prozessionen wurden fleißig geübter Brauch. Zur Verehrung dieser Muttergottes haben die Karmeliten in allen ihren Niederlassungen die sogenannten Skapulier-Bruderschaften eingeführt.
Die in der Basilika Santuario del Carmine Maggiore in Neapel verehrte Madonna gilt wie Notre-Dame de Grâce als greco-italienische Arbeit nach ein und demselben Kanon.
Die weite Reise nach Rom und zurück dürfte die erste Restauration notwendig gemacht haben, wenn man den legendären Transport vom Berge Karmel unberücksichtigt läßt. Aber auch alle späteren Restaurierungen haben am Bild wahrscheinlich mehr verdorben als genützt.
Da im Vergleich dazu die Cambreser Gottesmutter vorzüglich erhalten scheint, fällt es heute schwer, in diesen Bildern Werke ein und desselben Meisters zu sehen.
Die Bezeichnung »La Bruna« erhielt das Madonnenbild wohl von der durch Kerzenruß verursachten dunklen Gesichtsfarbe von Mutter und Kind (vgl. auch die Farbtafel auf Seite 13).

Ob man nicht von daher eine Theologie des Kleides, ja selbst der Mode aufbauen sollte, wie das ein bedeutender Theologe bereits versucht hat? Dazu will uns das kleine unscheinbare Gewandstückchen des Skapuliers bringen. Ist so gesehen das Skapulier nicht doch wieder sehr modern?

Und nun zur liturgischen Verknüpfung. Sie ist schon angeklungen in dem Pauluswort: In der Taufe wurde uns ein Gewand überreicht, das Taufkleid mit den Worten: »Dieses weiße Kleid soll dir ein Zeichen dafür sein, daß du in der Taufe neugeschaffen worden bist und – wie die Schrift sagt – Christus angezogen hast.« Das Skapulier erinnert uns an das Taufkleid. Im Zuge der religiösen Renaissance entwickelte sich im Frankreich des 17. und 18. Jahrhunderts eine herrliche Taufmystik, die wir heute trotz des liturgischen Aufbruchs kaum erreichen. Man kannte dort eine eigene Tauflitanei und ein eigenes Tauffizium, und es bürgerte sich die Sitte ein, kleine Gewandstückchen aus Linnen zur Erinnerung an die Taufe immerfort zu tragen. Zur Erinnerung an dieses erste Sakrament, wo wir, eingetaucht in den Tod Christi, mit ihm zu einem neuen Leben auferstanden sind und damit Christus innerlich und äußerlich angezogen haben. Ist also das Skapulier unliturgisch? In keiner Weise – im Gegenteil.

Und wenn nach der Tradition des Karmelitenordens die Gottesmutter selber es war, die dem heiligen Simon Stock das Skapulier überreicht hat, so prägt sich darin jener Gedanke aus, den Papst Paul VI. am Schluß der dritten Konzilsperiode ausgesprochen hat, daß Maria die Mutter der Kirche, die Mutter der Gläubigen ist, daß sie in ihrer mütterlichen Liebe uns zum Taufbrunnen geleitet, und sicherlich ist es ihr liebster Wunsch, uns mit Christus, ihrem Sohn, bekleidet zu sehen. Der heilige Cyrill von Alexandrien

Das Laienskapulier der Karmeliten

hat das Wort gesprochen: »Durch dich«, und damit meinte er die Gottesmutter, »gelangen die Gläubigen zur heiligen Taufe.« Damit sind wir beim Ausgangspunkt angekommen: Maria vom Berge Karmel.

Besteigen wir also im Geiste diesen heiligen Berg, lassen wir uns von Maria, versinnbildet in der kleinen Wolke, das Skapulier überreichen, d. h. von Maria uns mit Christus bekleiden, mit dem Taufkleid, dann werden wir in einem neuen Sinn jene Verheißung wahrmachen: »Wer mit diesem Gewand bekleidet stirbt, wird die Hölle nicht erleiden.« Wer nämlich mit Christus bekleidet ist, wer Christus in sich trägt, wird jenes messianischen Heiles teilhaftig, das Isaias im Bilde des Karmel schaute: »Des Libanons Herrlichkeit ist ihr verliehen, die Pracht des Karmel; sie werden die Herrlichkeit des Herrn schauen und den Glanz unseres Gottes« (35, 2).

MARIA IM AUGUST

Zum 2. August:
Maria von den Engeln
Das Fest wird auch Portiunkula genannt, weil es ursprünglich das Kirchweihfest der Portiunkula-Kirche in Assisi war. Schon das alte kleine Kirchlein, das Franziskus erworben hatte, nannte man »Unsere Liebe Frau von den Engeln«. Franziskus erbat dann für das am 2. August 1216 wiedereingeweihte Kirchlein vom Papst einen Ablaß.
Maria von den Engeln wird auch in Maria Einsiedeln, dem Nationalheiligtum der Schweiz, verehrt, und auch die bildende Kunst hat sich immer wieder dieses Themas angenommen.
Münchner Meister, 16. Jahrhundert, München, Privatbesitz.

5. August

WEIHE DER BASILIKA S. MARIA MAGGIORE IN ROM

Die größte Marienkirche Roms, Santa Maria Maggiore, geht der Legende nach auf ein Traumgesicht zurück, das Papst Liberius und der Patrizier Johannes in der Nacht zum 5. August 352 hatten. Demnach hätte die Gottesmutter den Bau einer Kirche dort erbeten, wo man am nächsten Morgen Schnee finden werde. Genauere Nachforschungen bezeugen jedoch, daß die Kirche von Sixtus III. nach dem Konzil von Ephesus 431 erbaut wurde. Sie hält somit die Erinnerung an dieses Konzil fest, das die Gottesmutterschaft Mariens feierlich verkündete. Das in der Capella Paolina befindliche Marienbild trägt den Namen »Salus populi Romani – Heil des römischen Volkes«. Es wurde dem heiligen Lukas zugeschrieben, dürfte jedoch frühestens im 13. Jahrhundert entstanden sein. Bekannter wurde es unter dem Namen »Maria Schnee«. Von Jesuitenmissionaren wurde es bis nach Brasilien, China und Äthiopien gebracht. Am 2. April 1899 feierte Eugenio Pacelli, der spätere Papst Pius XII., vor dem Gnadenbild seine Primiz.

Das Gnadenbild »Maria Schnee« ist in besonderer Weise mit Deutschland verbunden. Der aus Bregenz stammende P. Jakob Rem (1546–1618), der am 18. November 1574 in Dillingen die erste marianische Kongregation auf deutschem Boden gründete, versammelte vor einer Kopie des römischen Gnadenbildes »Maria Schnee« immer eine Art Elite seiner marianischen Kongregation, Colloquium Marianum genannt. Als er zu wissen begehrte, welche der vielen Bezeichnungen der Gottesmutter am genehmsten sei, wurde ihm die Erkenntnis zuteil, daß dies der Name »Wunderbare Mutter« sei. Tags darauf veranlaßte er den Vorsänger der Lauretanischen Litanei, diese Anrufung dreimal zu singen. So entstand der Name »Mater ter admirabilis – Dreimal wunderbare Mutter«, der durch die Schönstattbewegung eine weltweite Verbreitung fand. – Es gibt wohl kein Gnadenbild, das durch seine verschiedenen Namen seine Geschichte und seine Verehrung so andeutet.

In der Nähe Regensburgs in Aufhausen befindet sich eine von Johann Michael Fischer erbaute Maria-Schnee-Kirche, »Frauenkirche« genannt, ein imposanter Oktogonbau, verbunden mit einem von dem heiligmäßigen Propst Seidenbusch († 1729) gegründeten Priester-Oratorium, auch Nerianerstift genannt.

Die »Salus populi Romani« in der Capella Paolina in der römischen Hauptkirche Santa Maria Maggiore, die durch die Jesuitenmissionare in der ganzen Welt verbreitet wurde.

15. August

MARIÄ AUFNAHME IN DEN HIMMEL

Mariä Himmelfahrt – schon das Wort wirkt provozierend. Dazu vielleicht noch die romantische Assoziation aus Wagners Tannhäuser: »...wenn sie entschwebt dem Tal der Erden, ein sel'ger Engel dort zu werden«, wobei ich natürlich weiß, daß dies auf Elisabeth gemünzt ist. Nun aber gleich eine Richtigstellung: Das heutige Fest heißt eigentlich: »Aufnahme Mariens in den Himmel«. Es soll dadurch zum Ausdruck gebracht werden, daß Maria nicht aus eigener Kraft gen Himmel fuhr wie Christus, sondern durch fremde Kraft, die sie über die Erde emporhob, so wie dies Asam in der Abteikirche zu Rohr meisterlich dargestellt hat, wo Engel Maria in die Höhe heben. Aber nun meldet sich schon wieder der ärgerliche Zweifel: Wie lange sollen denn diese mythischen Vorstellungen noch bleiben: empor, hinauf, zum Himmel? Ja, unsere Astronauten, die vermögen so etwas dank unserer staunenswerten technischen und physikalischen Fortschritte. Macht endlich Ernst mit der Entmythologisierung! Nun, das haben wir längst getan. Wir haben im schlichten Religionsunterricht schon immer betont, daß der Himmel kein Ort ist, daß es ein Oben und Unten hier nicht gibt. Der Himmel ist ein Seinszustand, den wir noch am ehesten begreifen, wenn wir dafür das Wort setzen: Vollendung bei Gott oder Vollendung in Gott. Und gerade dies will ja das heutige Fest uns sagen: Maria ist nicht nur mit ihrer Seele, mit ihrem geistigen Teil, in die Vollendung zu Gott gelangt, sondern auch mit ihrem Leib.

Hier stehen wir vor der Schizophrenie, der Widersprüchlichkeit unserer Zeit. Der moderne Mensch, der total auf den Leib und seine Bedürfnisse eingestellt ist, protestiert auf einmal energisch, wenn von einem Leib das Größte und Herrlichste ausgesagt wird, daß er nämlich zu jener Vollendung gelangt ist, die der Moderne im Grund ja unbewußt ersehnt. Was tut man heute nicht alles, um das Altern und den Tod des Leibes hinauszuschieben, um dem Leib Kraft und Leben, Schönheit und Anmut zu verleihen und zu steigern – und man übersieht, daß genau das gleiche auch das Christentum will, allerdings nicht mit Training und Kosmetik, dafür mit dauerhafterem und besserem Erfolg. Aber nun vernehme ich wieder den vorwurfsvollen Zweifler: Bitte, nur ja keine falschen Winkelzüge. Wir alle wissen, wie scheinbar leibfeindlich das Christentum und die Kirche eingestellt sind. – Leider kann ich dieses ganze Problem nicht in ein paar Sätzen erledigen. Nur so viel: Kein Geringerer als Paulus hat den angeblich leibfeindlichen Satz gesprochen: »Ich züchtige meinen Leib und mache ihn mir untertan« (1 Kor 9, 27). Aber derselbe Paulus hat auch das andere Wort gesagt: »Christus wird den Leib unserer Niedrigkeit umwandeln, daß er gleichgestaltet sei dem Leib seiner Herrlichkeit, vermöge der Kraft, mit der er sich alles zu unterwerfen vermag« (Phil 3, 21). Und nun wage ich die Behauptung: Keine Religion und keine Weltanschauung kreist so sehr um den Leib des Menschen wie das Christentum. Die Hauptfeste der Christenheit, Weihnachten und Ostern, sind Feste des Leibes. Johannes sagt bewußt: »Das Wort ist Fleisch geworden und hat unter uns gewohnt« (Joh 1, 14). Und dieser gekreuzigte Leib ist auferstanden am dritten Tag. Und das Geheimnis der Eucharistie bezieht sich auf den Leib: »Wer mein Fleisch ißt und mein Blut trinkt, hat ewiges Leben« (Joh 6, 54). Und der Schluß des Glaubensbekenntnisses lautet: »Wir erwarten die Auferstehung der Toten und das Leben der kommenden Welt.« Wahrhaftig, es

Die Madonna von der Mariensäule auf dem Rathausplatz in Eibelstadt. Foto: Hans Metzger

geht um den Leib, oder sagen wir es besser: Es geht um den ganzen Menschen, nicht nur um seine Seele, sondern auch um seinen Leib.
Vielleicht ahnen wir jetzt schon, von welcher Gegenwartsbedeutung dieses Dogma von der Aufnahme Mariens in die Vollendung bei Gott ist. Erleben wir heute nicht eine Leibesvergötzung, wie sie kaum zuvor in der Geschichte anzutreffen ist? Ich brauche keine Beispiele zu nennen, sie drängen sich auf beim Gang durch die Straßen unserer Städte und selbst schon auf den Dörfern. Hier nun setzt das Dogma an und sagt: Nur *der* Leib gelangt zur Verherrlichung, der mit Christus den königlichen Weg des Kreuzes gegangen ist und der mit Maria mitgelitten hat bis zur Durchbohrung der Seele durch das Schwert (vgl. Lk 2, 35). Auf der anderen Seite gewahren wir heute eine Leib-Mißhandlung oder Leib-Entwertung, wenn wir die entsetzlichen Bilder des Flüchtlingselends unserer Tage und der Hungersnöte sehen, aber auch wenn wir an die Tötung des Kindes im Mutterschoß denken und nicht zuletzt an die modernen Waffen, die den Leib buchstäblich in Staub auflösen. Auch hier setzt das marianische Dogma an und sagt: Der Leib des Menschen hat einen unendlichen Wert vor Gott: »Und Gott wird abwischen jede Träne von ihren Augen, und es wird keinen Tod mehr geben, auch keine Trauer, keine Klage, keine Mühsal wird es mehr geben; denn das Frühere ist vergangen« (Offb 21, 4).
Das alles ist gut und schön und läßt sich hören. Aber eine wichtige Frage ist immer noch nicht beantwortet. Woher wissen wir denn, daß Maria auch ihre leibliche Vollendung erreicht hat und mit ihrem Leib zu Gott gegangen ist? Damit berühren wir eine Frage, die 1950, als Papst Pius XII. diese Lehre feierlich verkündet hat, viel erörtert wurde und die wir hier auch nur andeuten können. Entscheidend war für die kirchliche Tradition folgende Überlegung, die gerade den christozentrischen Charakter dieses Dogmas zeigt. Da Maria als Mutter Christi in so einzigartiger Weise mit ihrem Sohn, der das Leben schlechthin ist, verbunden war, so durfte ihr Leib, der dieses Leben geboren hat, nicht der Verwesung anheimgegeben sein. Dazu ein anderer Gedanke: Sie, die als die neue Eva nach dem Protoevangelium im Paradies der Schlange den Kopf zertritt, darf niemals dem Machtbereich dieser Schlange ausgeliefert sein; das wäre aber bis zum Tag der allgemeinen Auferstehung von den Toten der Fall gewesen, wenn ihr Leib der Verwesung anheimgefallen wäre.
Damit ist nun ein neues Stichwort gegeben, das uns in das biblische Zeitverständnis hineinblicken läßt. Mit Christus ist nicht nur die Fülle der Zeiten, sondern auch das Ende der Zeiten angebrochen. Im Hebräerbrief heißt es: »Vielmals und mannigfaltig hat Gott einst zu den Vätern durch die Propheten gesprochen; am Ende der Tage hat er zu uns geredet durch seinen Sohn« (1, 1). Das gleiche sagt Petrus: »Vor der Grundlegung der Welt ward er (Christus), schon im voraus dazu bestimmt; am Ende der Zeiten aber geoffenbart um euretwillen« (1 Petr 1, 20). So ist die Auferstehung Jesu bereits die Einleitung oder das erste Teilstück der allgemeinen Auferstehung von den Toten. Es darf uns hier nicht stören, daß nicht alle Eschata, nicht alle Letzten Dinge, bereits eingetroffen sind und daß zwischen der Auferstehung Christi und der allgemeinen Auferstehung Jahrtausende liegen. So wie die Schöpfung nicht an einem Tag erfolgte, so verteilen sich auch die Letzten Dinge auf längere Zeiträume.
Jedenfalls hat mit der Auferstehung Christi die Endzeit begonnen, und dies meint Paulus, wenn er sagt: »Wie nämlich in Adam alle sterben, so werden in

Christus alle lebendig gemacht werden – ein jeder aber in der für ihn geltenden Reihenfolge, als Erstling Christus« (1 Kor 15, 22 f.). Und nun meine Frage: Wer steht auch hier Christus wohl am nächsten, wenn nicht seine Mutter? Ich sage nicht, daß mit diesen Gedanken die Aufnahme Mariens zu Gott bewiesen ist, sondern ich möchte damit nur dieses Faktum sozusagen plausibel machen: Mariä Himmelfahrt ist ein eschatologisches Ereignis. Aber abgesehen davon, es ist ein hinreißender Gedanke, sich vorzustellen, daß wenigstens an *einem* Geschöpf die ganze Erlösungsgnade und -kraft Christi zur vollkommenen Entfaltung gekommen ist bis zur leiblichen Auferstehung und Vollendung bei Gott, so daß wir an Maria ablesen können, was das Wort von der neuen Schöpfung bedeutet: »Wer somit in Christus ist, ist ein neues Geschöpf; das Alte ist vergangen, siehe, alles ist neu geworden« (2 Kor 5, 17).

Ein letzter Gedanke, der sich mit dem eben Gesagten berührt. Als aufgrund der Dogmenverkündigung des Jahres 1950 ein neues Meßformular für Mariä Himmelfahrt geschaffen wurde, wählte man für den Introitus den Text aus der Geheimen Offenbarung: »Am Himmel erschien ein großes Zeichen: eine Frau, umkleidet mit der Sonne, den Mond unter ihren Füßen und auf ihrem Haupt eine Krone von zwölf Sternen« (12, 1). Man hat damals viel herumgerätselt, warum man gerade zu diesem Text gegriffen hat, der sich zunächst auf die Kirche im allgemeinen bezieht, dann aber doch auch auf Maria anwendbar ist. Die einleuchtendste Erklärung ist wohl die, daß die Menschheit in ihrer Geschichte bei Apokalypse 12 angekommen ist. Die Kirche wollte mit dem Termin der Dogmaverkündigung, die verhältnismäßig spät, erst 1900 Jahre nach dem eigentlichen Faktum erfolgte, ein Ausrufezeichen setzen: Gebt acht! Wir stehen jetzt im 12. Kapitel der Geheimen Offenbarung. Ihr seht das große Zeichen am Abendhimmel der Menschheit, und nun steigt am Himmel ein anderes Zeichen herauf: der große feuerrote Drache, der die ganze Welt verführt, der die Frau bekriegt und »die übrigen Kinder ihrer Nachkommenschaft, die die Gebote Gottes beobachten und am Zeugnis Jesu festhalten«. Gebt acht auf den Lügenpropheten (16, 13), gebt acht auf das Gegenstück der sonnenumkleideten Frau, auf die Hure Babylon, die »in der Hand einen goldenen Becher hält, ganz voll von Abscheulichkeiten und von dem Unrat ihrer Unzucht« (17, 1–4). Ist damit nicht unsere Zeit gekennzeichnet? Unlängst erschien ein interessantes Buch aus der Feder des Kulturphilosophen Becsi »Aufmarsch zur Apokalypse«. Er deutet darin die apokalyptischen Tiere, das Tier aus dem Meer und das vom Land (Kap. 13), auf die USA und die UdSSR, auf die beiden großen Supermächte, und spricht die Befürchtung aus, daß es zur Schlacht von Harmagedon kommt (16, 16). Wie es auch sei, jedenfalls hat Maria, die in den Himmel Aufgenommene, diesen Aufbruch zur Apokalypse bereits vollzogen, wenn unsere Deutung von vorhin richtig ist. Das eine wird man niemals bestreiten können: daß sie, die zur Vollendung bei Christus, ihrem Sohn, gelangt ist, die große Hoffnung für einen jeden von uns und auch für die gesamte Menschheit ist; daß auch wir in der Kraft der Erlösungsgnade Christi zur Vollendung unseres Seins und zur Erfüllung unseres Lebens kommen werden.

*Maria fährt, von Engeln
und Seraphim begleitet,
zum Himmel auf.
Den leeren Stein, eine Art Altar,
umstehen die Apostel
überrascht, erstaunt, betend.
Aber inzwischen streut ein
Engel, so will es die Legende,
Rosen auf den Platz
der Himmelfahrt.
Sebastian Ricci (1659–1734),
Budapest, Museum
der bildenden Künste.
Bildarchiv Foto Marburg*

22. August

MARIA KÖNIGIN

Zum Abschluß des Marianischen Jahres 1954 hat Papst Pius XII. das Fest Maria Königin eingesetzt und es damals auf den 31. Mai gelegt. Der neue Kalender hat dafür den ehemaligen Oktavtag von Mariä Himmelfahrt gewählt. So wie Christus in seiner Himmelfahrt sich »zur Rechten der Majestät in der Höhe gesetzt hat« (Hebr 1, 3; Ps 110; 109, 1), so darf nun auch die zu Gott erhobene Mutter am Königtum ihres Sohnes teilnehmen und sich in sein königliches Herrschertum teilen.

Es wäre jedoch abwegig zu meinen, der Gedanke vom Königtum Mariens datiere erst seit 25 Jahren. Der Papst spricht in seinem Rundschreiben »Ad coeli reginam«, in dem er das neue Fest einsetzte, davon, daß er damit »den dringenden Bitten entsprechen wollte, die aus allen Teilen der Welt an ihn gelangten«. Er scheint hier auf die Bewegung »Pro regalitate Mariae« anzuspielen, deren Gründung 1933 mit der Machtergreifung Hitlers zusammenfiel. Wir stehen somit vor der merkwürdigen Tatsache, daß ähnlich wie 1917 dem Ausbruch des Bolschewismus Fatima entgegengesetzt wird, so 1933 der nationalsozialistischen Revolution eine andere Bewegung sich entgegenstellte, eben diese Bewegung »Für das Königtum Mariens«. Den Anlaß zur Gründung gab eine wunderbare Heilung in Lourdes, die die Gottesmutter in einem Traumgesicht vom 10. auf den 11. Februar 1933 angekündigt hatte. Der Wunsch, Maria für die plötzliche Heilung zu danken, führte dann zur Gründung der genannten Bewegung; eine ähnliche Bewegung war übrigens auch der Einsetzung des Christkönigsfestes vorausgegangen. Schon 1935 fanden Gebete zu Maria Königin die kirchliche Billigung, und 1946 konnte man dem Heiligen Vater in vier Bänden die Beitrittserklärung überreichen, worunter sich damals schon mehr als 500 Bischöfe befanden. Wie man sieht, handelt es sich hier um eine aus den Tiefen des gläubigen Volkes aufsteigende Volksbewegung, die in keiner Weise von oben gemacht oder gesteuert wurde. Ebenso falsch wäre es aber zu meinen, als ob erst damals, also vor einigen Jahrzehnten, der Gedanke vom Königtum Mariens in das Bewußtsein des gläubigen Volkes getreten wäre. Längst bevor in Rom diese Bewegung »Pro regalitate Mariae« entstand, beteten wir schon im Rosenkranz: »Jesus, der dich, o Jungfrau, im Himmel gekrönt hat«, und wir alle wissen, daß die katholische Kirche seit über einem Jahrtausend Maria in ihre Liturgie als Königin, als Herrin und Herrscherin grüßt. Gerade wir Deutsche dürfen uns glücklich schätzen, daß wir uns für das neue Marienfest auf echte alte deutsche Tradition berufen können. Maria galt unseren Vorfahren als die Kaiserin des Reichs, wie das heute noch in einem Aachener Lied zum Ausdruck kommt.

Es wird in diesem Zusammenhang vielleicht auch zu wenig beachtet, daß jenes deutsche Nationalheiligtum, in dem von 813 bis 1531 nicht weniger als 31 deutsche Kaiser und Könige und 11 Königinnen gekrönt wurden, nämlich das Münster zu Aachen, Unserer Lieben Frau geweiht ist. Diese Tatsache ist nicht zufällig und nicht eine leere Formsache. Nur mit tiefster Ergriffenheit liest man die Weiheformel Kaiser Ferdinands III. aus dem Jahre 1640, der wie sein Va-

---

Der Aufsatz des Hochaltars im Fuldaer Dom zeigt die Aufnahme Mariens in den Himmel und ihre Krönung. Bildarchiv Foto Marburg

ter Mitglied der Marianischen Kongregation war: »Dir weihe ich mich und die Meinen, das Römische Reich, zu dessen Oberhaupt mich Gott bestellte. Du aber, o Maria, nimm mich an als dir zu eigen; dein werde ich sein, und alle, die mein sind, sind dein. Dir gehört mein Besitz, dir das Reich und alle meine Lande. Dir die Völker und Heere, und so beschütze sie du. Du siege in ihnen und herrsche und regiere in ihnen. Dies gelobe ich in Frömmigkeit und Gerechtigkeit, dein Ferdinandus 1640«.

Die Weihe Deutschlands an die Gottesmutter, die 1954 in Fulda erfolgte, ist somit nichts Neues, sondern nur die Wiederaufnahme einer alten Tradition, die leider in Vergessenheit geraten war. Von Kaiser Leopold I. berichtet ein Zeitgenosse, daß er »nach all dem rauschenden Prunk des Krönungsfestes zu Frankfurt am Main nichts inniger in seinem Herzen und Sinn getragen« als den Wunsch, vor Übernahme der Regierung die Gottesmutter in Altötting zu verehren. So fand sich denn der junge Herrscher am 5. September 1658 am bayerischen Gnadenort ein und kniete mit seinem engsten Gefolge als Vasall und Bittsteller »allerdemütigst« vor U. L. Frau, um von ihr »der himmelkayserin das new angetrettene kayserthumb zu lehen zu nemmen und sich seine untergebne land und leut unter den schutz Mariä wider seine feind bestermassen zu befehlen«.

Aber nun zurück zu jener päpstlichen Enzyklika »Ad coeli reginam«.

Ausdrücklich betont der Papst, daß »die allerseligste Jungfrau in gewisser Weise teilnimmt an der Herrschaft ihres Sohnes über den Geist und den Willen des Menschen«. Kein irdischer Herrscher, nicht einmal ein Diktator, vermag eine solche Gewalt über Geist und Willen des Menschen auszuüben. Selbstverständlich bedeutet eine so umfassende Macht keine Vergewaltigung des menschlichen Geistes und seines Willens. Maria bleibt auch als Königin stets Mutter, und ihre königliche Macht ist eine mütterliche Herrschaft der Liebe und der Barmherzigkeit. Schließlich benützt Maria ja ihre ganze Königsmacht nur dazu, um der Königsherrschaft ihres Sohnes zum Siege zu verhelfen. Hier müssen wir auf Ludwig Maria Grignion verweisen, der sein Buch von der Ganzhingabe an Maria gerade mit diesem Gedanken beginnt: »Durch Maria ist Christus in die Welt gekommen. Durch Maria will er auch in der Welt herrschen.« Das neue Fest von Maria Königin ist ganz auf das Christkönigsfest ausgerichtet. Maria ist aufs engste mit dem Leben und dem Werk ihres Sohnes verbunden. Soll deshalb nicht gerade sie, die ihm nicht nur das irdische Leben geschenkt, sondern als »Gefährtin im Erlösungswerk« so großen Anteil daran genommmen hat, auch an der Geltendmachung seiner Königsherrschaft beteiligt sein?

Wir alle wissen, daß die geistigen Auseinandersetzungen unserer Zeit letzten Endes der Frage gelten, ob Christus in der Menschheit als König herrschen soll. Ob östlicher Kommunismus oder westlicher Neoliberalismus, darin sind sie sich alle einig: »Nolumus hunc regnare – Wir wollen nicht, daß Christus König sei« (Lk 19, 14). In diesem entscheidenden Augenblick der Geschichte verkündet der Papst nun das Königtum Mariens und will dadurch gleichsam die Mutter

---

14. Jahrhundert. Mittelrheinischer Meister
Krönung Mariens
Rechter Altarflügel aus dem Kloster Altenberg bei Wetzlar
Städelsches Kunstinstitut Frankfurt
Bildarchiv Foto Marburg

veranlassen, ihre ganze königliche Macht aufzubieten, um die Königsherrschaft ihres Sohnes in allen Bezirken des Lebens zu verwirklichen. Weil aber Gottes Wirken in der Geschichte sich nie ohne die Mitwirkung seiner Geschöpfe vollzieht, darum bedeutet das neue Fest Maria Königin einen erneuten Aufruf Gottes an alle hochgemuten, apostolisch-missionarischen Seelen, sich um das Banner unserer himmlischen Königin zu scharen und alles daranzusetzen, in zähem Ringen »dem Fürsten dieser Welt« den Boden Stück für Stück zu entreißen, sei es in uns, sei es außerhalb von uns, und so dafür einzutreten, daß Christus immer mehr in uns und in den Mitmenschen als König herrsche.

Papst Pius XII. hat in seinem wahrhaft königlichen Gebet zu Maria Königin vom 1. November 1954 dies ausgesprochen, als er an die Gottesmutter die Worte richtete: »Herrsche auf den Straßen und Plätzen, in Stadt und Land, in Berg und Tal, in den Lüften, auf der Erde und dem Meer.«

Und wie so oft schon hat er auch diesmal wieder die Müdigkeit und Entschlußlosigkeit, die Mutlosigkeit und Verzagtheit im christlichen Lager aufs schärfste verurteilt. Der Aufblick zu Maria Königin soll uns deshalb mit neuem Mut und neuer Kraft erfüllen und uns zur Anspannung aller Kräfte anspornen. Vor uns steht die »starke Frau«, die Königin, die als »Acies ordinata – als geordnetes Schlachtheer« es noch mit jedem Feind aufgenommen hat und die das Magnificat gesungen hat, »dieses hohe Lied der Freude und des unbesiegbaren Vertrauens auf Gottes Macht«. Diesen »heiligen, kühnen Mut und diese Kraft, die der Natur als solche unbekannt ist, will Maria auch uns schenken«. Der Gedanke an sie und ihr Königtum soll »alle lebendigen Kräfte mobilisieren, die sich noch in Reserve befinden, und alle wachrufen, die sich der gefahrvollen psychologischen Depression nicht voll bewußt sind, der sie verfallen sind«. So spricht der Heilige Vater.

So soll denn das neue Fest Maria Königin ein Fest der unbesiegbaren christlichen Hoffnung sein auf den endgültigen Triumph des Reiches Christi und seiner Königsherrschaft. Gewiß, der Festgedanke von Maria Königin ist – wie der Papst eigens betonte – nicht neu, aber die Kraft, die von ihm ausgeht, könnte in Wahrheit eine völlige Neuwerdung bewirken, eine Neugeburt im Innern der Menschen, eine Neugestaltung im sozialen, ja sogar im internationalen Bereich durch die Königin des Friedens. Und warum? Weil Maria die königliche Braut jenes Heiligen Geistes ist, in dem auch heute noch alle Dinge neugeschaffen werden und in dem das Angesicht der Erde sich erneuert.

MARIA IM SEPTEMBER

Königin und Herrscherin

Aus der Tiefe dieses Tales der Tränen, in dem die leidbeladene Menschheit mühsam dahinzieht; aus den Meeresfluten, die von den Stürmen der Leidenschaften ständig aufgepeitscht werden, erheben wir unsere Augen zu dir, o Maria, geliebte Mutter, um durch die Schau deiner Heiligkeit gestärkt zu werden und dich, Königin und Herrscherin des Himmels und der Erde, als unsere Königin und Herrscherin zu grüßen.

Dein Königtum lobpreisen wir mit dem berechtigten Stolz, deine Kinder zu sein, und anerkennen es, weil der erhabenen Würde deines Wesens zukommend, o liebreiche und wahre Mutter dessen, der durch eigenes Recht, durch Erbschaft und Erwerbung König ist.

Herrsche, o Mutter und Herrin, weise uns den Weg der Heiligkeit, leite uns und stehe uns bei, auf daß wir niemals von ihm abweichen.

Wie du in der Höhe des Himmels Herrschaft über die Engelscharen ausübst, die dich als ihre Herrin anrufen; über die unzählige Schar der Heiligen, die beseligt sind in der Schau deiner leuchtenden Schönheit, so herrsche auch über das ganze Menschengeschlecht und öffne vor allem jenen den Weg zum Glauben, die deinen göttlichen Sohn nicht kennen.

Herrsche über die Kirche, die sich zu deinem milden Herrschertum bekennt, es feiert und inmitten der Bedrängnis unserer Tage bei dir sichere Zuflucht sucht. Insbesondere aber herrsche über jenen Teil der Kirche, der verfolgt ist und Unterdrückung leidet, und gib ihm Kraft, die Widerwärtigkeiten zu ertragen, Standhaftigkeit, dem ungerechten Druck nicht nachzugeben, Licht, um nicht den feindlichen Nachstellungen zu erliegen, Festigkeit, um allen offenen Angriffen zu widerstehen, und zu jeder Stunde unverbrüchliche Treue zu deinem Reich.

Herrsche über das Denken, damit es nur das Wahre suche; über das Wollen, damit es nur dem Guten folge; über die Herzen, damit sie nur lieben, was du willst.

Herrsche über den einzelnen und die Familien wie über die Gemeinschaften und Völker; über die Beratungen der Mächtigen, über die Ratschläge der Weisen wie über die bescheidenen Erwartungen des schlichten Volkes.

Herrsche auf den Straßen und Plätzen, in Stadt und Land, in Berg und Tal, in den Lüften, auf der Erde und dem Meer. Erhöre das fromme Gebet derer, die wissen, daß dein Reich das des Erbarmens ist, wo jede Bitte Erhörung findet, jeder Schmerz Linderung, jede schmerzliche Prüfung Trost, jede Schwäche Heilung und wo, wie durch den Wink deiner milden Hand, selbst aus dem Tod strahlend das Leben ersteht.

Erwirke du, daß alle, die nun in allen Teilen der Welt dir zujubeln und dich als Königin und Herrscherin anerkennen, dereinst im Himmel der Fülle deines Reiches teilhaftig werden können, in der Schau deines göttlichen Sohnes, der mit dem Vater und dem Heiligen Geiste lebt und herrscht von Ewigkeit zu Ewigkeit. Amen. (Papst Pius XII.)

8. September

MARIÄ GEBURT

Die Liturgie des heutigen Festes ist ganz von Freude erfüllt; denn Maria »ist die Morgenröte des Heiles und das Zeichen der Hoffnung für die ganze Welt« (Schlußgebet). »In ihr leuchtete auf die Morgenröte der Erlösung, sie hat uns Christus geboren, die Sonne der Gerechtigkeit« (Präfation). Nur bei drei Personen feiert die Kirche den Geburtstag, selbstverständlich bei Christus, dann beim Vorläufer des Herrn, weil er schon im Mutterschoß geheiligt wurde und dann bei der Mutter des Herrn, weil sie schon vom ersten Augenblick ihres Lebens an von der Erbsünde bewahrt blieb. So bedingt das Fest vom 8. Dezember das Fest vom 8. September.

Zu umseitigem Bild:

Gemäß der Tradition ist die St.-Anna-Kirche innerhalb des Marientores in Jerusalem die Geburtsstätte Mariens. Ihr Geburtstag wurde deshalb im Orient schon lange gefeiert, bevor Papst Sergius I. ihn auch im Westen mit einer Lichterprozession feiern ließ. Festtag wurde der Weihetag der St.-Anna-Kirche in Jerusalem. Zum kirchlichen Festtag wurde der 8. September dann durch Papst Innozenz IV. in der Mitte des 13. Jahrhunderts erhoben.
Im 14. und 15. Jahrhundert war es in der Malerei ein beliebtes Thema. Es entstanden liebevoll alle Details erzählende Wochenbettbilder.
Altartafel von Hans Holbein d. Ä., 1493: Mariä Geburt im Dom zu Augsburg
Foto: Johannes Steiner

Man muß das heutige Fest auf dem Hintergrund dessen sehen, was der Dulder Job von seiner Geburt sagt: »Untergehe der Tag, an dem ich geboren, und die Nacht, in der man sprach: Ein Mensch ist empfangen. Dieser Tag möge sich in Finsternis verwandeln... und nicht erhelle ihn Licht. Finsternis und Todesschatten mögen ihn verdunkeln, Nachtgewölk umlagere ihn und Bitterkeit hülle ihn ein« (3, 3 ff.). Wie ganz anders klingt da die heutige Benediktusantiphon: »Deine Geburt, jungfräuliche Gottesmutter, kündete Freude der ganzen Welt; aus dir ist nämlich hervorgegangen die Sonne der Gerechtigkeit, Christus unser Gott, der die Verfluchung löst und Segen spendet, den Tod zuschanden machte und uns ewiges Leben schenkte.«
Das alles gilt irgendwie auch für uns. Denn auch vom Tag unserer Geburt gilt das Psalmwort: »Denn ich bin in Schuld geboren, in Sünde hat mich meine Mutter empfangen« (Ps 51, 6). Mit der Erbsünde behaftet und in der Gottesferne sind wir ins Leben eingetreten, und so haben wir eigentlich keinen Grund, unseren Geburtstag zu feiern, wenn nicht ein anderes Ereignis das nachgeholt hätte, was Maria schon im ersten Augenblick ihres Lebens zuteil geworden ist, nämlich die Kindschaftsgnade bei uns in der Taufe. Darum wäre es für uns Christen richtiger, den Tauftag zu feiern und nicht den Geburtstag. Man sollte indessen auch hier nicht allzu rigoristisch sein, wie eine Diskussion vor Jahren gezeigt hat (Walter Dürig, Geburtstag und Namenstag, Eine liturgiegeschichtliche Studie, München 1954); denn schließlich ist die Feier des Geburtstages ein Bekenntnis zum ersten Glaubensartikel, zur »göttlichen Schöpferherrlichkeit auch auf den Leib, der der Verklärung ebenso teilhaftig werden soll wie die Seele« (ebd. S. 81). Die Gottesmutter wird uns helfen, daß unser Todestag einmal der Geburtstag zum ewigen Leben werde.

12. September

MARIÄ NAMEN

Das Fest erinnert an den Sieg über die Türken bei Wien (Sonntag in der Oktav von Mariä Geburt, 1683). Als Verdoppelung zu Mariä Geburt im Generalkalender gestrichen, bleibt es wegen des historischen Bezuges zum Sprachgebiet und der Verwurzelung im Volk im Regionalkalender erhalten (Meßbuch).
In alten Zeiten hatte man noch ein feines Gespür dafür, daß der Name eines Menschen etwas Einzigartiges, etwas von ihm Untrennbares ist, weil sich in ihm sein Wesen oder eine besondere Wesensart ausdrückt. Das ging so weit, daß man den wahren Namen sogar verheimlichte; denn wer den wirklichen Namen erfuhr und wußte, erhielt Gewalt über den Namensträger. Heute dient der Name nur mehr als Unterscheidungsmerkmal oder als Kennzeichnung, daß man sich unter den Schutz des anderen stellt, und sein Leben nach diesem Vorbild gestaltet, wie es bei unserem Namenstag der Fall ist.
Von viel tieferer Bedeutung ist es begreiflicherweise, wenn Gott selbst den Namen gibt oder ihn ändert, wie es bei Abraham, Petrus und anderen der Fall war. Von Maria wissen wir allerdings nicht, ob sie auf eine unmittelbare Weisung Gottes hin so benannt wurde; ja wir wissen nicht einmal mit Bestimmtheit, was der Name »Maria« besagt. Sechzig Deutungen hat man schon versucht. Doch was tut dies zur Sache, wo jetzt der Name »Maria« für uns nach dem Namen »Jesus« der teuerste Name ist, dessen Kraft sich an Unzähligen erwiesen hat und in dem entscheidende Schlachten der Weltgeschichte geschlagen wurden! »Der Name der seligen Jungfrau Maria ist für uns ein Zeichen der Hoffnung geworden«, heißt es im Tagesgebet. Es sollte unser aller Sorge sein, daß der Name »Maria« wieder zu Ehren kommt und daß er wieder mehr am Taufbrunnen den Neugeborenen gegeben wird, damit auf die Fürsprache Mariens Befreiung aus allen Gefahren erfolgt und das Werk der Erlösung vollendet wird (Tagesgebet).

Passauer Mariahilf-Lied

Groß war die Not, so ernst die Zeit,
vor Wien der Türke stand,
»Maria hilf der Christenheit!«
Schrie auf das ganze Land.

Und Volk und Kaiser zog hinauf
zu Passaus heil'gem Bild:
Maria halt die Türken auf!
Sei du uns Schutz und Schild!

Ave, ave, ave Maria!

Und wie in jener schweren Zeit
den Sieg Maria gab,
so schaut sie auch auf unser Leid
mit Mutterlieb herab.

Vertrauend zieh'n auch wir hinauf
zu Passaus heil'gem Bild:
Maria halt den Satan auf
und bleibe uns ein Schild!

Ave, ave, ave Maria!

Wir wollen wahre Buße tun
und ändern unsern Sinn,
im heißen Flehen nimmer ruh'n,
und Leid sei uns Gewinn.

Dann beten freudig wir herauf
dereinst den heil'gen Berg:
Maria hielt den Satan auf
und krönte Gottes Werk.

Ave, ave, ave Maria!

Das Fest Mariä Namen ist eng mit dem Mariahilf-Bild verknüpft. Hoch über Passau erhebt sich die Wallfahrtskirche »Mariahilf«. Sie hat dem ehemaligen Schulerberg seinen jetzigen Namen gegeben. Im Mittelpunkt der späteren, zwei Jahrhunderte lang größten Marienwallfahrt stand ein Bild, dessen Original Lukas Cranach gemalt hat.
Kurze Zeit später entstand der Name »Mariahilf«. Zahlreiche weitere Kopien wurden gefertigt.
1627 wurde eine Mariahilf-Bruderschaft von Papst Urban VIII. bestätigt. Der Sitz der Bruderschaft war zunächst Passau, später St. Peter in München. Ihr gehörten Kaiser und Könige, Fürsten und Kardinäle, Heerführer des Dreißigjährigen Krieges ebenso an wie ganze Klöster. Als 1683 die Türken vor Wien standen und das Abendland in Gefahr war, vom Türkenheer überrannt zu werden, rief der Papst zum Kampf auf, und Maria wurde wie vor der Schlacht von Lepanto um ihre Unterstützung gebeten. Der päpstliche Legat und Freund des Kaisers, Pater Markus von Aviano, zog zu diesem Zweck durch Europa. Kaiser Leopold I. und dessen Frau Eleonora, aus Wien geflüchtet, pilgerten Tag für Tag auf den Mariahilf-Berg in Passau. 1676 hatte Leopold hier in Passau die Prinzessin Eleonore von Pfalz-Neuburg geheiratet.
Zum Gedächtnis des 12. September 1683, dem Tag des Sieges der Christen über die Türken, bestimmte der Papst im Jahre 1684 das Fest »Mariä Namen«. In Mariahilf ob Passau erinnern Kriegstrophäen an diesen Sieg über die Türken, der wesentlich zur Verbreitung der Wallfahrt beigetragen hat.
Durch den Sieg über die Türken erhielt »Mariahilf« abendländischen Rang, und diese Bedeutung fand in Deutschland ihren Niederschlag, auch in Gegenden, die zu keiner Zeit mit dem Türkenkrieg, noch mit der Wallfahrt unmittelbar zu tun hatten, erst recht aber in Ländern, in die die Soldaten der beteiligten Kontingente zurückkehrten, wie die Bayern unter Max Emanuel, die Badenser unter dem »Türkenlouis« Markgraf Ludwig Wilhelm I. von Baden, die Polen unter König Johann Sobieski. Wir wissen, daß nach diesem Ereignis überall neue Mariahilf-Bilder gestiftet wurden, sowohl als Erinnerung an die Hilfe Mariens oder, wie Inschriften ausdrücklich bezeugen, anläßlich der glücklichen Rückkehr aus dem Türkenkrieg. Jedenfalls vermehrten sich in der Folgezeit die Mariahilf-Bilder beträchtlich. Wir finden sie heute noch in Kirchen, Kapellen, an Hauswänden, auf Bildstöcken als Hinterglasmalerei, auf Backmodeln, kurz in vielen Formen und Ausführungen.
Die Kapuziner in Passau hatten bald eine Liste von 144 Mariahilf-Kirchen zusammengestellt. Für die weite Verbreitung sorgte der Orden selbst mit seinen zahlreichen Niederlassungen. Heute noch werden allein in Deutschland weit über 500 Stätten gezählt, an denen Mariahilf verehrt wird.

Mariahilf-Gnadenbild in Passau, Kopie des Malers Pius nach einem Gemälde von Lucas Cranach. Foto: Johannes Steiner

15. September

GEDÄCHTNIS DER SCHMERZEN MARIENS

Bekanntlich gab es vor der Kalenderreform zwei Feste der sieben Schmerzen Mariens, das eine im Monat September und das andere am Freitag nach dem Passionssonntag. Da Doppelfeste vermieden werden sollen, ist nur dieses Fest im September erhalten geblieben, und zwar als einfacher Gedenktag.

Will man dieses Gedächtnis in seinem ganzen Umfang erfassen, muß zunächst eine Gegenüberstellung der sieben Freuden Mariens und ihrer sieben Schmerzen erfolgen, weil – leider – sowenig davon in unserer Erinnerung geblieben ist. Und doch würden die beiden Gedenkreihen in eine Überfülle mittelalterlicher Frömmigkeit und Mystik führen, die zeigt, wie das subjektive religiöse Leben abgenommen hat, ja stellenweise völlig versiegte. Dabei ist freilich zu beachten, daß die Aufzählung der einzelnen Freuden und Schmerzen nicht immer gleich blieb, sondern wechselte. Wir halten uns hier an die gebräuchlichste Zählung.

Als Freuden Mariens nennt man die Verkündigung Christi, den Gruß der Elisabeth, Christi Geburt, Christi Auferstehung, Christi Himmelfahrt, die Ausgießung des Heiligen Geistes und Mariä Himmelfahrt. Als Schmerzen Mariens gelten für gewöhnlich die Worte Simeons vom Schwert, das die Seele Mariens durchdringen wird, die Flucht nach Ägypten, der Verlust des Knaben Jesus in Jerusalem, die Begegnung auf dem Kreuzweg, der Tod Jesu, die Abnahme des Leichnams Jesu vom Kreuz und seine Grablegung (Jacob Hubert Schütz, Summa Mariana, Paderborn 1921, 4. Band, S. 381, 421).

Wir greifen als Ausgangspunkt für unsere Betrachtung die Verkündigung des Herrn in Nazareth heraus. Was hatte doch nicht alles Gabriel von Jesus vorausverkündigt! »Er wird groß sein und der Sohn des Allerhöchsten genannt werden.« Und was geschieht in Wirklichkeit? Die rechtmäßige, höchste religiöse Autorität des jüdischen Volkes verurteilt ihn als Gotteslästerer zum Tode. Der Erzengel hatte vom Thron seines Vaters David gesprochen: »Gott der Herr wird ihm den Thron seines Vaters David geben« (Lk 1, 32). Und was muß Maria erleben? Ihr heißgeliebter Sohn wird gekreuzigt, und wie ein bitterer Hohn klingt die Aufschrift: König der Juden. Ist das also die Thronbesteigung? Und dann sprach der Verkündigungsengel: »Er wird über das Haus Jakobs für ewig herrschen, und seines Reiches wird kein Ende sein« (Lk 1, 33). Niemals ist ein prophetisches Engelswort scheinbar so grausam zunichte gemacht worden wie dieses, wo doch in einigen Stunden alles vorüber ist. Die Seinen haben sich schon zerstreut, nachdem sie gestern am Ölberg feige geflohen sind. Einer, den Christus besonders bevorzugte und dem er die Schlüssel seines Reiches anvertraute, hat ihn schmählich verleugnet, ein anderer Jünger hat sich aufgehängt, und

---

Die Pietà im Würzburger Kiliansdom (unser Bild) erschüttert zunächst durch ihre eindrucksvolle Schlichtheit. Maria, die starr geradeaus blickt, hat die Hände um den Leib ihres Sohnes so gefaltet, daß daraus eine Geste des Darreichens und zugleich Festhaltens wird. Christus dagegen kommt mit geöffneten Händen dem Beter entgegen, um ihm, dem Bittenden, die durch diesen qualvollen Tod errungenen Gnaden zufließen zu lassen.

Der zum Beschauer gedrehte Corpus unterstreicht die Aussage: die innige Zusammengehörigkeit von Mutter und Sohn und zugleich die Gnadenquelle, die diesem Paar entspringt. Die Mutter bietet den Sohn frontal dar, und der Sohn verschenkt die Gnaden an die davor Knienden.

nur ein einziger ist ihm bis hierher, an den Fuß des Kreuzes, gefolgt. Am Ostersonntag werden die frommen Frauen die Einbalsamierung vollenden, mit der sie am Karfreitag nicht mehr fertig geworden waren. Das wird alles sein, was man noch tun kann. Und das ist – scheinbar – das wirkliche Ende.
Und ähnlich ist es mit Maria selbst. Der Engel hat sie die Gebenedeite unter den Frauen genannt. Nun steht sie unter dem Kreuz, in den Augen des Volkes als die Mutter eines Volksaufwieglers und Gotteslästerers. Einst hatte sie sich aus übervollem Herzen der Freude als die gesehen, die von allen Geschlechtern seliggepriesen wird: Nun geht an ihr das traurige Wort der Schrift in Erfüllung: »Nennt mich nicht Noëmi, die Schöne, sondern nennt mich Mara, die Betrübte, denn der Allmächtige hat mich mit vieler Betrübnis erfüllt« (Rut 1, 20), und das andere: »Ihr alle, die ihr vorübergeht, habt acht und seht, ob ein Schmerz gleich sei meinem Schmerz« (Klgl 1, 12).
Man muß diesen Gegensatz von Verkündigung und ganz anderer Erfüllung auf sich wirken lassen; denn von hier aus erst gewinnt man einen kleinen Einblick in die Glaubensstärke der Gottesmutter. Das Wort Elisabeths: »Selig bist du, da du geglaubt hast, daß in Erfüllung gehen wird, was dir vom Herrn gesagt worden ist« (Lk 1, 45) gilt auch für die Stunden, die Maria unter dem Kreuz zubrachte. Schon ihr aufrechtes Stehen unter dem Kreuz drückt ihre glaubensstarke Haltung aus. Jeder andere Mensch wäre angesichts dieser offenkundigen Nichterfüllung einer Engelsweissagung innerlich und äußerlich zusammengebrochen. Nicht so Maria. Sie glaubt als einzige, während alle anderen den Glauben über Bord werfen oder zumindest zweifeln. Auch in dieser dunkelsten Stunde ihres Lebens steht sie in Treue und im Glauben zu ihrem Sohn als »Virgo fidelis« – als »glaubenstreue Jungfrau« – ein herrliches Vorbild auch für uns, selbst dann in Treue und im starken Glauben zu Christus zu stehen, wenn finstere Nacht sich über uns senkt und die Wogen des Leids über uns zusammenschlagen.
Um wieviel leichter haben wir es! Wir wissen ja, wie herrlich dieser Glaube Mariens belohnt wurde. Wir wissen, daß die Worte des Erzengels sich doch noch erfüllten. Wir wissen, daß der Herr auferstanden ist und daß auf jeden Karfreitag ein Ostern folgt. Maria hat das alles nur im Glauben erfaßt, uns aber bezeugt dies die Geschichte.
Und noch etwas haben wir vor Maria voraus: Maria hatte keine Mutter, die ihr in dieser schwersten Stunde hätte Vorbild und Hilfe sein können; wir aber haben eine Mutter, die uns gerade am Kreuz zur Mutter gegeben wurde.

Ganz anders als die Pietà des Würzburger Kiliansdomes zeigt sich das Roggenburger Vesperbild. Die rechte Turmkapelle der Roggenburger Klosterkirche birgt ein erlesenes Kleinod: die Schmerzensmutter Maria mit dem toten Jesus auf ihren Knien, ein Schnitzwerk des Türkheimer Künstlers Johann Leitner aus dem Jahre 1768.
Der Leichnam Jesu ruht bleich und fahl im Schoße seiner lieben Mutter. Die klaffende Wunde an der linken Schulter erinnert uns an den mühsamen Weg von Jerusalem nach Golgota, auf dem Jesus das schwere Kreuz getragen hat.
Von da geht dann der Blick unmerklich hin zu dem Herzen der Mutter, Schwerter deuten das Weh an, das im Mutterherzen tiefste Wunden aufgerissen hat.

24. September

ERLÖSUNG DER GEFANGENEN

Das Fest geht auf die Herrschaft der Sarazenen in Spanien zurück, als viele Christen in deren Gefangenschaft schmachteten. Damals gründeten die Heiligen Petrus Nolaskus und Raimund von Peñaforte, mit der Förderung des Königs Jakobs von Aragonien die Mercedarier, einen Ritterorden zum Loskauf der christlichen Gefangenen. Der Orden feierte das Fest »Maria Erlösung der Gefangenen« am 24. September, und seit 1696 gilt der Tag als Fest der Gesamtkirche. Seit 1970 hat er den Festcharakter verloren.
Der Tag könnte wieder neue Bedeutung erlangen. In der Kapelle des Lagers Friedland wird eine Schutzmantelmadonna verehrt.

Unter deinen Schutz und Schirm

Unter den Schutz deiner mütterlichen Barmherzigkeit
flüchten wir uns, Gottesgebärerin.
Verschmähe nicht unsere flehentlichen Hilferufe
in dieser Not, in der wir uns befinden,
sondern aus der Gefahr reiße uns heraus.
Erlöse uns.
Führe unser Flehen nicht in die Versuchung,
sondern erlöse uns aus der Gefahr.
Du allein bist ja die Reine, du allein die Begnadete.
Du unsere (liebe) Frau, unsere Mittlerin, unsere Fürsprecherin.
Versöhne uns mit deinem Sohne, empfiehl uns deinem Sohne,
stelle uns deinem Sohne vor.

Das älteste Mariengebet der Kirche; vgl. Johann Auer, Unter deinen Schutz und Schirm, Johannes-Verlag, Leutesdorf am Rhein 1967.

Maria, breit den Mantel aus

Maria, breit den Mantel aus,
mach Schirm und Schild für uns daraus;
laß uns darunter sicher stehn,
bis alle Stürm' vorübergehn.
O Mutter, voller Güte
uns allezeit behüte.

Dein Mantel ist sehr weit und breit,
er deckt die ganze Christenheit,
er deckt die weite, breite Welt,
ist aller Zuflucht und Gezelt.
O Mutter, voller Güte...

Maria, hilf der Christenheit,
zeig deine Hilf' uns allezeit,
mit deiner Gnade bei uns bleib,
bewahre uns an Seel' und Leib.
O Mutter, voller Güte...

Wann alle Feind zusammenstehn,
wann alle grimmig auf uns gehn,
bleib du bei uns, sei du uns Schutz.
So bieten wir dem Feinde Trutz.
O Mutter, voller Güte...

Volkslied aus Innsbruck um 1640

Schutzmantelmadonna vom Hochaltar der Pfarrkirche Ravensburg von Michel Erhart (?) 1480. Staatliche Museen Berlin-Dahlem. Bildarchiv Foto Marburg.

Die sieben Schmerzen Mariens. Bildstock in den Weinbergen bei Beckstein.

MARIA IM OKTOBER

Der Engel Königin

Sie ist der Himmelsheere,
der Engel Königin.
Der Heil'gen Lust und Ehre,
der Menschen Kaiserin.
Die Zuflucht aller Sünder,
die Hilfe ihrer Kinder,
die beste Mittlerin.

Drum fallen wir zu Füßen,
der Jungfrau gnadenreich
und sie mit Andacht grüßen,
aus Herz und Mund zugleich,
ihr Leib und Seel und Leben
wir gänzlich übergeben
zur Hut ins Himmelreich.

St. Galler Gesangbuch 1705

7. Oktober

UNSERE LIEBE FRAU VOM ROSENKRANZ

Es ist wohl einmalig, daß eine schlichte marianische Gebetsübung einem ganzen Monat den Namen gegeben hat: Der Oktober ist Rosenkranzmonat. Papst Paul VI. hat in seinem Rundschreiben »Marialis cultus« auf zwei religiöse Übungen hingewiesen, auf den »Engel des Herrn« und das Rosenkranzgebet. Er hat letzteres als biblisch-christologisches Gebet bezeichnet und begründet. Er hat weiterhin die Verbindung von Rosenkranz und Liturgie so dargestellt, daß »der Rosenkranz von der Liturgie her inspiriert und natürlicherweise zu ihr hinführt«. Damit dürfte die Diskussion über dieses Thema beendet sein. »Liturgische Feiern und Rosenkranz dürfen einander nicht entgegengesetzt noch einander gleichgestellt werden.«
Die Bedeutung des Rosenkranzgebetes liegt darin, daß es zunächst ein betrachtendes Gebet ist, und damit kommt es der heutigen Strömung des Meditativen entgegen. Das besonnene Verweilen in den Mysterien Christi und seiner Mutter dient der Selbstheiligung, zugleich aber ist der Rosenkranz ein missionarisches und apostolisches Gebet, wie dies schon aus seiner Geschichte ersichtlich ist. Wir vergessen in unserer hektischen Zeit zu sehr, daß der größte Feind des Christlichen ein Jahrtausend hindurch der Islam war. Es war der heilige Papst Pius V., der 1571 die Christenheit zur Abwehr der Türken aufrief, die mit ihrer Seemacht nach Rom vorstoßen wollten. Der Papst brachte unter unsäglichen Mühen eine Flotte zusammen, die dann, unterstützt vom Gebet der Rosenkranzbruderschaften, den herrlichen Sieg von Lepanto errang und damit die Vorherrschaft der Türken zur See vernichtete. Der Papst, der in einer Vision den Sieg der christlichen Flotte geschaut hatte, ordnete an, daß jährlich am Jahrestag der Schlacht ein Dankfest zu Ehren Unserer Lieben Frau vom Sieg gefeiert werde. Papst Gregor XIII. bestimmte dann, daß dieser Tag als Fest »Maria vom Rosenkranz« begangen werde. So ist das Rosenkranzfest ein Fest des Kampfes und des Sieges. Der Senat von Venedig hat in einem Gemälde den christlichen Sieg gefeiert und darunter die Worte anbringen lassen: »Weder Macht noch Waffen und Führer, sondern Maria vom Rosenkranz hat uns zum Sieg verholfen.« In vielen Kirchen hat die Seeschlacht von Lepanto eine bildliche Darstellung gefunden, und in der Maria-Victoria-Kirche zu Ingolstadt erinnert die

Holzschnitt. Dominikus empfängt den Rosenkranz (Darstellung der Legende von der Entstehung des Rosenkranzes), deutsch, 14. Jahrhundert.

Die berühmte Lepanto-Monstranz in der Kirche Maria de Victoria in Ingolstadt. Der Augsburger Goldschmied Johann Zeckl hat sie 1708 geschaffen. Sie erinnert an den entscheidenden Seesieg bei Lepanto, den Juan d'Austria dort am 7. Oktober 1571 überraschenderweise über die Türken errang. Mit diesem Seesieg begann eine neue Zeit der Gegenreformation.
Fotos: Stadtarchiv Ingolstadt

berühmte Lepanto-Monstranz an diese Rettung Europas vor dem Halbmond. Kein Wunder, daß die Päpste sich auch heute den Sieg über Hammer und Sichel vom Rosenkranz erwarten. Es hat uns alle doch tief bewegt, daß Johannes Paul II. den Rosenkranz als »sein liebstes Gebet« bezeichnet hat.
Wir wollen uns jedoch noch einem dritten Gedankenkreis zuwenden. Papst Paul VI. hat das Rosenkranzgebet in den Familien empfohlen. Er hat in diesem Zusammenhang eine uralte Lehre oder Übung ins Gedächtnis zurückgerufen, die vergessen war, nämlich die, daß die Familie eine Art Hauskirche ist, in der das gemeinschaftliche Gebet wieder eingeführt werden müsse. Das Zweite Vatikanische Konzil hat dem bereits vorgearbeitet, als es an mehreren Stellen von der Familie als Hauskirche sprach. Papst Paul VI. sagte dazu wörtlich: »Ohne Zweifel muß der Rosenkranz der Seligen Jungfrau als eines der hervorragendsten und wirksamsten Gemeinschaftsgebete angesehen werden, das zu beten die christliche Familie eingeladen ist. Wir stellen uns gern vor und wünschen lebhaft, daß, wenn das familiäre Zusammensein zu einer Zeit des Gebetes wird, dieses häufig und mit Vorliebe im Rosenkranz seinen Ausdruck findet. Wir sind uns dessen bewußt, daß die veränderten Lebensverhältnisse der Menschen in unseren Tagen die Zeiten des familiären Beisammenseins nicht gerade fördern und, wenn es stattfindet, nicht wenige Umstände es erschweren, das Zusammensein der Familie in eine Gelegenheit zum Gebet zu verwandeln. Es ist zweifellos schwer, es ist aber auch ein Merkmal des christlichen Handelns, vor den Umweltbedingungen nicht zu resignieren, sondern sie zu überwinden; ihnen nicht zu unterliegen, sondern sich über sie zu erheben. Deshalb müssen die Familien, die in Fülle die der christlichen Familie eigene Berufung und Spiritualität leben wollen, die Anstrengungen machen, um die Kräfte einzudämmen, die das familiäre Beisammensein und das gemeinschaftliche Gebet behindern.« (»Marialis cultus«, Nr. 54.)
Diese Worte sollten wir uns zu Herzen nehmen und alles tun, daß unsere Familien im gegenseitigen Gebet und gegenseitiger Liebe ein Abbild der Heiligen Familie werden und so mithelfen, Christus in die Zukunft hineinzutragen.

Die Rosenkranzkönigin auf einem Bildstock bei Dimbach.

Stephan Lochner: Maria im Rosenhag. Wallraf-Richartz-Museum, Köln.

Das Rosenkranzfest (Holzschnitt 15. Jahrhundert)

MARIA IM NOVEMBER

Mein Zuflucht alleine, Maria die reine,
von Herzen ich meine zu rufen an:
daß sie mich regiere, mit Gnaden verziere,
ganz treulich mich führe auf rechtem Plan.

Ach, Wonne der Frauen, mit höchstem Vertrauen,
bitt wollest anschauen die Seele mein:
Errett mich Elenden aus feindlichen Händen,
tu niemals abwenden die Augen dein.

Recht alle dich nennen, mit Lippen bekennen,
von Herzen erkennen der Menschen Heil.
Drum darf ich es wagen, mein Jammer und Plagen
dir, Jungfrau, zu klagen. Hilf mir in Eil!

Im stetigen Leiden, ohn einige Freuden
all Stunden hinscheiden ohn Zahl und Maß.
Wann deiner gedenke, all Trübsal versenke;
was immer mich kränke, passieren laß.

All Sinn und Gemüte, all Fleisch und Geblüte,
o Mutter der Güte, dir anbefehl!
Wann endlich muß sterben, mir wollest erwerben
beim himmlischen Erben ein gwisse Stell.

Straßburg vor 1673

21. November

UNSERE LIEBE FRAU IN JERUSALEM

Das einzige Marienfest im November, früher Mariä Opferung genannt, hat ein eigentümliches Geschick. Der Grundgedanke dieses Festes geht zurück auf ein unechtes Evangelium, das sogenannte Evangelium des Jakobus. Maria soll schon im Alter von drei Jahren von ihren Eltern in den Tempel gebracht worden sein, um hier unter den Tempeljungfrauen erzogen zu werden. Im byzantinischen Reich wurde dieser Tag schon 1166 gefeiert, und es gelang einem französischen Adeligen, Papst Gregor XI. († 1378) dafür zu gewinnen, der es dann auch anordnete. Pius V. strich es jedoch aus dem Festverzeichnis, weil der Inhalt eben auf einem unechten Evangelium beruhte. Aber Papst Sixtus V. fügte es von neuem dem allgemeinen Kalender ein, bis es heute einfach auf das Weihefest der Kirche Santa Maria Nova in der Nähe des Tempels von Jerusalem zurückgeführt wurde. Tatsächlich gab es niemals eine Tempelschule für Mädchen, und so sind auch all die schönen Bilder, die Maria zeigen, wie sie die Tempelstufen hinaufsteigt, nur Niederschlag einer schönen Legende.

Ist nun dadurch nicht dem Fest »Mariä Opferung« eigentlich ganz die innere Berechtigung genommen? Keineswegs. Denn mag dieses Fest dann auch kein eigentliches Ereignis feiern, so gibt es doch die Grundeinstellung Mariens in ihrer Jugend wieder, die sie später in die Worte kleidete: »Siehe die Magd des Herrn; mir geschehe nach deinem Wort« (Lk 1, 38); d. h., Maria hat sich schon als Kind ganz Gott geopfert und dargebracht. Das gibt uns Gelegenheit, gerade im Monat November, in diesem besinnlichen Monat der Einkehr und Schweigsamkeit, das Innenleben der Gottesmutter in ihrer Kindheit und Jugend zu betrachten. Freilich entsteht da sofort die Gegenfrage: Wissen wir denn darüber etwas Sicheres? – Nun, wir haben es soeben schon angedeutet. Das Verhalten und die wenigen Äußerungen Mariens, die uns Lukas in den ersten beiden Kapiteln seines Evangeliums berichtet, lassen einen gültigen Rückschluß auf die religiöse Haltung Mariens als Kind zu.

Hier müssen wir wieder an das eben erwähnte Wort Mariens bei der Verkündigung des Erzengels anknüpfen. Es ist ja unmöglich, in einem solchen Augenblick diese völlige Bereitschaft zur bedingungslosen Unterwerfung unter den Willen Gottes für jetzt und immer zu erklären, wenn nicht schon das ganze bisherige Leben von diesem Gedanken getragen war. Maria war und wollte bereits von frühester Jugend an nichts anderes sein als die kleine, schlichte Magd des Herrn. So sah sie wohl auch in ihrer Verlobung mit Josef nicht ihren Entschluß und ihren Willen erfüllt, zumal ja ein israelitisches Mädchen in dieser Frage fast ganz vom Willen der Eltern abhängig war, sondern den Willen Gottes, der ihr über alles ging. Das gleiche ergibt sich aus dem Magnificat. Auch hier tritt ihre eigene Person ganz in den Hintergrund. Ja, sie erwähnt nicht einmal ihre Mutterschaft, die doch durch ein so großes Wunder Gottes zustande gekommen war. Vielmehr führt Maria einfach alles auf Gott zurück, und ihm gilt ihr ganzes Lob. Dieser einzige Gesang, den wir von der Mutter des Herrn kennen, läßt uns noch tiefer hineinblicken in die religiöse Gedankenwelt, aus der sie lebte. Es sind die heiligen Schriften des Alten Bundes. Nicht umsonst enthält das Magnificat so viele Anklänge an die Psalmen und vielleicht auch an den Gesang der Anna, der Mutter Samuels. Der Wille Gottes ist für Maria die Richtschnur ihres Lebens, und das Wort Gottes ist die Nahrung ihrer Seele. Maria war zweifellos eine sehr besinnliche Natur, die nicht nur »alle Worte (des beginnenden Neuen Bundes) in ihrem Herzen erwog und bewahrte« (Lk 2, 19, 51), sondern die mit wachem Geist die Worte Gottes schon im Alten Testament sorgsam überdachte[1]. Diese Besinnlichkeit ist übrigens auch ein Hinweis, daß Maria vorwiegend verstandesmäßig eingestellt war. Gefühlsüberschwang ist ihr fremd. Als der Engel ihr die Botschaft verkündet, daß ihr das beschieden sein soll, was die große Sehnsucht eines jeden israelitischen Mädchens der damaligen Zeit war, nämlich Mutter des Messias zu werden, da gerät sie keineswegs in Ekstase, sondern sie stellt die fast kühle Gegenfrage: »Wie wird das geschehen, da ich keinen Mann erkenne?« (Lk 1, 34). Maria war deshalb auch keine poetische Natur, und sie gehörte nicht, wie man sagt, zum Typus der besonders Phantasievollen. Dies ist deswegen von großer Bedeutung für uns heute, weil wir den Berichten Mariens über die Erlebnisse der Verkündigung und der Geburt Jesu schon rein menschlich vollen Glauben schenken dürfen. Daß Maria auch zu echter Freude fähig war, das zeigt uns wiederum das Magnificat; aber es ist eine verhaltene Freude, die wiederum ganz auf Gott zurückgeführt wird.

Wenn wir nach dem letzten Grund dieser großen Vorzüge Mariens und besonders nach dieser Ausgewogenheit zwischen Gefühl und Verstand bei ihr fragen, so stoßen wir auf eine Tatsache, die vom Dogma her die ganze Kindheit Mariens beleuchtet. Es ist ihre unbefleckte Empfängnis. Damit jedoch sehen wir diesen Tag von Mariä »Opferung« bereits im engsten Zusammenhang mit dem großen kommenden Marienfest des Dezembers. Die unbefleckte Empfängnis der Gottesmutter bedeutet ja nicht bloß einen übernatürlichen Vorgang, der sich nur an der Seele Mariens auswirkte, sondern eine Gnade, die ihre ganze Person erfaßte und die sich in der Harmonie zwischen Leib und Geist äußerte. Maria war völlig Herr über sich, weil Gott Herr über sie war.

Wie weit ist doch unsere Zeit von dem eben geschilderten Ideal entfernt! Wir gewahren auf der einen Seite eine kühle, verstandesmäßige Sachlichkeit, der jedes Herz fehlt, die kaltlächelnd Methoden ersinnt zur wissenschaftlichen Liquidierung von Millionen Menschen. Andererseits sehen wir einen Gefühlsüberschwang und eine Exaltiertheit, die jede vernünftige Überlegung vermissen läßt. Wir leben heute tatsächlich nur mehr in Extremen. Und dies nur, weil uns das fehlt, was dem Marienfest des Novembers seinen Inhalt gibt – es fehlt die Opferhingabe an Gott. Wenn die Menschen doch begreifen wollten, daß nur in Gott ihre Existenz auch als Menschen gesichert ist und daß wir nur über Gott zu einer gewissen Harmonie unseres Wesens gelangen! So mögen denn alle unsere Überlegungen und Entschlüsse am heutigen Tag einmünden in das heutige Tagesgebet, daß wir auf die Fürsprache Mariens »am Reichtum deiner Gnade teilnehmen, damit wir mit ganzer Hingabe und frohem Vertrauen vor dir leben«.

[1] Werner M. Th. Keuck, Maria und die Bibel Israels, Kanisius-Verlag, Freiburg/Schweiz 1978.

Am 27. November wird das Partikularfest »Unsere Liebe Frau von der Wundertätigen Medaille« gefeiert. (Siehe dazu Seite 31).

Mariä Opfergang. Aus: Albrecht Dürer, Marienleben.

Jungfrau, Mutter Gottes mein,
laß mich ganz dein eigen sein,
dein im Leben und im Tod,
dein in Unglück, Angst und Not,
dein in Kreuz und bittrem Leid,
dein für Zeit und Ewigkeit.
Jungfrau, Mutter Gottes mein,
laß mich ganz dein eigen sein!

(Uraltes Volksgebet)

MARIA IM DEZEMBER

Anbetung der Hirten

Von den Engeln vernahmen die Hirten: Christus ist im Fleisch gegenwärtig geworden. In aller Eile liefen sie zu ihm wie zum Hirten und sahen ihn als unschuldiges Lamm, an der Mutterbrust sich nährend, und sie jubelten:

Sei gegrüßt, Mutter des Lammes und des Hirten.
Sei gegrüßt, Hürde der getreuen Schafe.
Sei gegrüßt, Schutz vor unsichtbaren Feinden.
Sei gegrüßt, du öffnest die Pforte des Paradieses.

Sei gegrüßt, denn die Himmel jauchzen mit der Erde.
Sei gegrüßt, mit Christus frohlocken alle Geschöpfe.
Sei gegrüßt, der Apostel nie schweigender Mund.
Sei gegrüßt, der Kämpfer siegreiches Vertrauen.

Sei gegrüßt, mächtige Festung des Glaubens.
Sei gegrüßt, glänzendes Zeichen der Gnade.
Sei gegrüßt, durch dich wird die Hölle entmachtet.
Sei gegrüßt, durch dich werden wir mit Ehren bekleidet.

Sei gegrüßt, jungfräuliche Braut!

Aus dem Hymnos Akathistos,
dem ältesten Marienlob der Christenheit

8. Dezember

OHNE ERBSÜNDE EMPFANGENE JUNGFRAU UND GOTTESMUTTER MARIA

Zu den großen Ereignissen im Pontifikat Pius' XII. wird neben der Dogmatisierung der Aufnahme Mariens in den Himmel sicher einmal die Verkündigung des Marianischen Jahres 1954 zählen. Es sollte vor allem die dankbare Erinnerung an die Dogmatisierung der unbefleckten Empfängnis Mariens wachrufen, die hundert Jahre vorher am 8. Dezember 1854 erfolgte. Der durch seine marianischen Schriften bekannte Theologe Josef Dillersberger hat den Gedanken ausgesprochen, daß unsere Gegenwart und in erster Linie die Zeit zwischen 1854 und 1954 unter dem Namen eines Jahrhunderts der Immaculata in die Kirchengeschichte eingehen wird. Es ist ja in der Tat auffallend, daß erst mit Beginn der Neuzeit dieser einzigartige Gnadenvorzug Mariens ins helle Licht gerückt erscheint und sich gegenüber Zweiflern und Leugnern durchsetzte. Papst Sixtus IV., ein Franziskaner, war eigentlich der erste Papst, der 1476 die päpstliche Autorität für die unbefleckte Empfängnis in die Waagschale warf und die entgegengesetzte Lehre verbot. Von diesem Zeitpunkt an datiert der Siegeszug der Immaculata. Ihr Fest wurde nach und nach fast überall in allen Diözesen eingeführt. Etwa fünfzig Universitäten verpflichteten sich durch einen Eid, die Lehre von der unbefleckten Empfängnis zu verteidigen, und die Kunst wetteiferte mit der Dichtung in der Verherrlichung der Immaculata.

Man kann nun die Frage aufwerfen, warum wohl diese Glaubenslehre von der unbefleckten Empfängnis erst in der Neuzeit zum allgemeinen Glaubensbesitz geworden ist. Vielleicht kann man darauf zwei Antworten geben. Mit dem Spätmittelalter und der Neuzeit beginnt jene große Zersetzung und Auflösung aller Ordnung, in deren Endstadium wir heute stehen. Wir brauchen hier nicht die einzelnen Symptome dieses Prozesses zu schildern. Wir spüren sie am eigenen Leib. Just in dem Augenblick, wo nun die Ordnungseinheit des gläubigen Mittelalters zerbricht, da zeigt Gott auf jene Frau, die von Anfang an, vom ersten Augenblick ihres Lebens an in Ordnung ist. Er läßt eine Welt, die aus tausend Wunden versehrt ist, eine Jungfrau schauen, die ganz unversehrt an Leib und Seele ist. Eine heil-los verfahrene Welt soll aufblicken zur Mutter seines Sohnes, um aus ihren Händen von neuem das Heil zu empfangen.

Vielleicht haben wir die hehre Gestalt der Immaculata zu einseitig als die Kraftquelle *nur* für unser sittliches Leben gesehen; vielleicht haben wir Maria überhaupt nur geschaut als das Ideal der Reinheit und als Hilfe in allen Schwierigkeiten des sechsten Gebotes. Das ist natürlich durchaus richtig. Aber die Bedeutung der Immaculata geht viel weiter und viel tiefer. Sie hat auch den Völkern und der Welt etwas zu sagen. Sie ist die große Ordnungsmacht in der Welt, weil sie selbst als der einzige unter allen Menschen in Ordnung ist, nicht aufgrund ihrer Verdienste, sondern durch das Verdienst ihres göttlichen Sohnes. Rückkehr also zu den heiligen Ordnungen Gottes auf allen Gebieten des Lebens, das ist die Botschaft Gottes und der Immaculata, und diese Botschaft ist überzeitlich und bleibt gültig für alle Jahre, die Gott der Menschheit geschenkt hat und noch schenken wird.

Vor Jahren erschien ein Buch mit dem Titel »Die rettenden Gewalten«. Es wird da gezeigt, wie die »Ursprünge«, die »ursprunghaften Gewalten die rettenden Gewalten« sind. Wenn wir dieses Wort weiter ausdeuten, so stoßen wir auf einen zweiten Grund, der erklärt, warum unser Zeitalter unter dem Zeichen der Immaculata steht. Wenn wir uns nämlich zu den Ursprüngen der Menschheitsgeschichte zurückwenden, dann führt uns dieser Weg bis ins Paradies zurück, wo einst die große Entscheidung fiel.

Hier erfahren wir nun kurz nach der Katastrophe des Sündenfalls, der ja all das Leid und die Tragik des Menschenlebens im letzten verursacht hat, von einer geheimnisvollen Frau, die in ständiger Feindschaft steht zur Schlange und die mit ihrem Sproß der Schlange den Kopf zertreten wird. Die beiden Päpste Pius IX. und Pius XII. haben in diesen Worten Gottes im Paradies einen Hinweis auf die unbefleckte Empfängnis Mariens gesehen. Ist damit nicht deutlich zum Ausdruck gebracht, daß wir, wenn wir schon die Rettung vor der Schlange von den Ursprüngen her erwarten sollen, zur Immaculata gehen müssen? Sie ist das Zeichen, das schon am Dämmermorgen der Menschheit erscheint und unter dem wir den Kampf mit der Schlange siegreich bestehen können. Und wer dürfte heute daran zweifeln, daß gerade in unserer Zeit »der große Drache, die alte Schlange, die Teufel heißt und Satan«, mehr denn je »alle Welt verführt« und grimmiger denn je Krieg zu führen beginnt mit den Kindern des Weibes, »die Gottes Gebote halten und das Zeugnis von Jesus Christus bewahren« (Offb 12, 9, 17)? Deswegen ist uns also in dieser Schicksalsstunde der menschlichen Geschichte die Immaculata gegeben als das große Siegeszeichen, unter dem wir nicht bloß unseren eigenen persönlichen Kampf gegen die Sünde und Satan bestehen, sondern auch die Schlachten Gottes siegreich schlagen sollen.
So tritt nun heute zu Beginn des neuen Kirchenjahres die Immaculata vor uns hin und wiederholt in gewissem Sinn die Worte, die ihr Sohn einst in der Synagoge seiner Vaterstadt Nazareth sagte: »Der Geist des Herrn ruht auf mir, weil er mich gesalbt hat, den Armen die Frohbotschaft zu bringen, mich gesandt hat zu heilen, die zerknirschten Herzens sind, den Gefangenen Erlösung und den Blinden das Augenlicht zu verkünden, die Niedergedrückten in die Freiheit zu entlassen und das Gnadenjahr des Herrn zu verkünden« (Lk 4, 18 f.). Ja, Maria ist die vom Geiste des Herrn Begnadigte, die schon vom ersten Augenblick ihres Lebens an »voll der Gnade« ist. Als solche hat sie in Lourdes und Fatima den Armen die Frohbotschaft gebracht, wirkt sie heute noch Wunder an Seele und Leib; sie ist es, die in Fatima die Bekehrung Rußlands versprochen hat und von der sich Papst Pius XII. in seiner Enzyklika »Fulgens corona« die Erlösung und Befreiung der hinter dem Eisernen Vorhang Gefangenen erwartet. Jedes neue Kirchenjahr ist ein Gnadenjahr Christi und Mariens. Aber all das, was wir so sehnsüchtig von ihr, unserer Mutter, erwarten, wird nur dann eintreffen, wenn wir den tiefsten Sinn dieses Gnadenjahres erfassen, und dieser Sinn ist wieder nur eine urbiblische Botschaft, die Maria bei allen ihren Erscheinungen in der letzten Zeit immer wieder betont hat, jene Botschaft, mit der ihr Sohn seine öffentliche Lehrtätigkeit begonnen hat: »Metanoëite«, d. h. tut Buße, denkt um, ändert euren Sinn! (Vgl. Mt 4, 17.)
An uns ist es, diese Botschaft zu verstehen, sie aufzugreifen und ins Leben umzusetzen. Dann und nur dann kann die Immaculata uns das Heil und die Rettung vermitteln.

Der Immaculata-Brunnen vor dem Rathaus in Volkach am Main. ▷

Seite 141:
Die Übertragungslegende der Wallfahrt von Gossau als Deckengemälde von Johann Anton Merz aus dem Jahre 1777.

10. Dezember

UNSERE LIEBE FRAU VON LORETO

Engel haben, so erzählt die Legende aus dem 14. Jahrhundert, 1291 das Haus Mariens aus Nazareth nach Tersatto bei Fiume (dem heutigen Trsat in Dalmatien) getragen, 1294 weiter nach Recanate und 1295 schließlich in Loreto in einem Lorbeerhain abgestellt (dem »Lauretum«, nach dem Loreto benannt ist). In der »Santa Casa« (dem Haus Mariens) soll Maria in Nazareth geboren worden sein, und dort soll auch die Verkündigung stattgefunden haben. Die Legende unterstreicht diese Erzählung mit dem Hinweis auf die Zerstörung des Doms von Nazareth, als das Heilige Land 1263 in die Hände des Islam gefallen war und demnach auch das Haus Mariens in Gefahr war, also folglich in Sicherheit gebracht werden mußte. Das Haus selbst könnte eine freie Nachbildung des Originalhauses in Nazareth sein. Die Legende von der Übertragung durch Engel ist überall erst viel später entstanden. Im Neumünster in Würzburg ist eine solche Übertragung des Hauses Mariens auf einem Altarbild des Barock (von Treu) festgehalten.
Die späte Entstehungszeit der Legende läßt vermuten, daß von Anfang an die Madonnenstatue, die heute auf dem Altar des Heiligen Hauses steht, Gnadenbild war. In einer weiteren, sehr freien Kopie über dem Portal der Basilika wurde die strenge Form erheblich gemildert. Das Original – es wurde 1921 durch einen Brand vernichtet – war eine schmale Statuette. Aus einem Stamm des harten Zedernholzes herausgehauen, trägt die stehende Mutter das eng mit ihr verbundene, gleichfalls stehende Kind auf der linken Hand. So entstand eine säulenartige Statue.
Erst im 14. Jahrhundert wurde die kleine Kapelle mit dem Gnadenbild zum »Haus der Heiligen Familie« und damit zugleich Wallfahrtsort der italienischen Familie, eine Form, die der italienischen Mentalität besonders entgegenkam. Das schließt nicht aus, daß die Kapelle als Nachbildung des Hauses in Nazareth zu verstehen war. Ohne Zweifel hat die Ausdehnung der Wallfahrt auf das »Heilige Haus« die Verehrung des Gottesmutterbildes nicht beeinträchtigt. Das zeigen die unter dem Namen »Lauretana« bekannten Kopien in den Niederlassungen der Jesuiten in Deutschland, z. B. in Dillingen und in Ellwangen, die alle erst zu Petrus Canisius' Zeit entstanden sind. Loreto gab auch der Lauretanischen Litanei den Namen. Petrus Canisius sorgte für deren Verbreitung. Zu seiner Zeit hatten die Jesuiten Loreto betreut.
Wichtig wurden zwei Bräuche, die inzwischen in der ganzen katholischen Welt verbreitet sind und die auch die deutsche Marienverehrung beeinflußt haben. Aus Loreto kam die schon erwähnte Lauretanische Litanei und die mit ihr verbundene Feier des Samstags als Tag Mariens. Besonders gefördert wurde beides durch Petrus Canisius. Die Liturgiereform hat den traditionellen Mariensamstag neu belebt.
Das Fest der Lauretana hat eine etwas widersprüchliche Geschichte. In Ostitalien wurde es bereits 1632 gefeiert. Innozenz XII. bestimmte es als Fest für die Gesamtkirche. Pius X. hob es wieder auf. Seit 1916 ist es erneut ein Fest für ganz Italien.
Zu wenig bekannt ist, daß es auch ein bayrisches Loreto gibt, das bei Straubing gelegene Sossau. Im Jahre 1177 sollen Engel die von einem Apostelschüler namens Lucius zu Antenring (Pfarrei Perkam) eingeweihte Marienkapelle über die Donau getragen und zur Nachtzeit bei Sossau niedergesetzt haben (in manchen Urkunden »Navigatio Mariae« genannt).

Die Lauretana, wie sie auf dem Schöneberg bei Ellwangen verehrt wird.

Lauretanische Litanei

Heilige Maria – bitte für uns!
Heilige Gottesgebärerin –
Heilige Jungfrau der Jungfrauen –
Mutter Christi –
Mutter der göttlichen Gnade –
Du reinste Mutter –
Du keuscheste Mutter –
Du unversehrte Mutter –
Du liebenswürdige Mutter –
Du wunderbare Mutter –
Du Mutter des guten Rates –
Du Mutter des Erlösers –
Du weiseste Jungfrau –
Du ehrwürdige Jungfrau –
Du mächtige Jungfrau –
Du gütige Jungfrau –
Du getreue Jungfrau –
Du Spiegel der Gerechtigkeit –
Du Sitz der Weisheit –
Du Ursache unserer Freude –
Du geheimnisvolle Rose –
Du Turm Davids –
Du elfenbeinerner Turm –
Du goldenes Haus –
Du Pforte des Himmels –
Du Heil der Kranken –
Du Zuflucht der Sünder –
Du Trösterin der Betrübten –
Du Hilfe der Christen –
Du Königin der Engel –
Du Königin der Patriarchen –
Du Königin der Propheten –
Du Königin der Apostel –
Du Königin der Märtyrer –
Du Königin der Bekenner –
Du Königin der Jungfrauen –
Du Königin aller Heiligen –
Du Königin,
ohne Makel der Erbsünde empfangen –
Du Königin in den Himmel aufgenommen –
Du Königin des heiligen Rosenkranzes –
Du Königin des Friedens –

25. Dezember

GEBURT DES HERRN

Die Marienfeste im Kirchenjahr können unter einem doppelten Gesichtspunkt betrachtet werden, einmal indem sie den geschichtlichen Ablauf des Lebens Mariens wiedergeben, zum anderen, wenn man den Inhalt der Geheimnisse ins Auge faßt bzw. sich um eine Rangordnung dieser Geheimnisse bemüht. Die geschichtliche Abfolge beginnt mit Mariä Empfängnis und endet mit der Aufnahme Mariens in den Himmel. Ihre Konzentration erfahren doch alle Geheimnisse von Weihnachten her aus der Tatsache, daß sie an diesem Tag Gottesmutter wurde. Das zeigt uns schon, daß die meisten Marienfeste auch Christusfeste sind, und die neue Benennung so mancher Marienfeste trägt dem Rechnung dadurch, daß das frühere Fest Mariä Lichtmeß nunmehr »Darstellung des Herrn«

Geburt Christi. Alter Holzschnitt.

Die Künstler haben immer wieder auf das zurückgegriffen, was vor ihnen geschaffen worden ist, und auf diesem Weg zu einer neuen Aussage gefunden. Auch unser Jahrhundert hat sich gern alter Vorbilder erinnert und sie als Ausgangsbasis eigener Überlegungen benutzt – oft mit ganz überraschendem Ergebnis.
Das Weihnachtsbild von Lioba Munz mutet zuerst »romanisch« im Sinne der Reichenauer an, dann aber erkennt man rasch, daß sie völlig Neues geschaffen hat. Dieser überdimensionale Engel ist ganz Verkündigung: »Siehe, ich verkünde euch große Freude.« Seine überirdische Größe ist hineingebeugt in den irdischen Rahmen. Er hat den kleinsten Heiligenschein und Christus den kostbarsten (mit Edelsteinen besetzt).
Die liegende Gottesmutter erinnert zunächst an frühe Darstellungen. Hier wird aber mehr ausgedrückt als die realistische Geburtsdarstellung. Dieses vermummte Kind im Schoß der Mutter läßt an eine liegende Blachernoissa (»Mutter Gottes des Zeichens«) denken.
In der demütigen Geste Mariens – ihre Hand ruht auf dem Heiligenschein des Sohnes – klingt die Verkündigung an. Die Tretjakow-Galerie in Moskau besitzt eine Verkündigung, bei der ein ganz kleines Jesuskind in die Demutsgeste Mariens miteinbezogen ist. Man ruft sich unwillkürlich die beiden Sätze ins Gedächtnis: »Du wirst einen Sohn empfangen!« und »Mir geschehe nach deinem Wort«. Ochs und Esel aber holen uns wieder zurück in den Stall.
In wenigen Bildern ist Maria so sehr Mittlerin und Werkzeug Gottes wie in diesem Emaillegemälde von Lioba Munz, in kaum einem ist auch so viel über Maria ausgesagt.

Lioba Munz: Geburt Christi aus dem Flügelaltar der Kapelle des Diözesanhauses Wildenburg/Eifel. Senkemaillearbeit vom Jahre 1960.

Das Christkind in der Geburtsgrotte zu Betlehem wird nur an Weihnachten gezeigt.

heißt und Maria Verkündigung »Verkündigung des Herrn«. Aus dem gleichen Grund ist Weihnachten das größte Marienfest, weil Maria an diesem Tag Mutter Gottes wurde. Es gibt für einen Menschen schlechthin nichts Größeres. Weil Maria als Gottesmutter im Mittelpunkt der Heilsordnung steht, darum zielen auch die Aussagen des Zweiten Vatikanischen Konzils gerade auf diese Mutterschaft Mariens hin, wie sie im Mysterium der heiligen Weihnacht sich offenbart. So kann das Konzil sagen: »Die Selige Jungfrau wurde von Ewigkeit her zugleich mit der Menschwerdung des göttlichen Wortes als Mutter Gottes vorherbestimmt und war nach dem Ratschluß der göttlichen Vorsehung hier auf Erden die erhabene Mutter des Erlösers« (Konstitution »Lumen gentium«, Nr. 61), wobei freilich auch noch Mariens andere Funktionen beigefügt werden, »die großmütige Gefährtin und die demütige Magd des Herrn«. Aber an erster Stelle steht »die erhabene Mutter des Herrn«.

Der Völkerapostel nennt nicht den Namen Maria. Aber er gebraucht im Galaterbrief (4, 4) einen Satz, der uns auf die Knie zwingt: »Als aber die Fülle der Zeit kam, sandte Gott seinen Sohn.« Das allein ist schon etwas unbegreiflich Großes; aber der Apostel fährt fort, und das ist der Gipfel der Unbegreiflichkeit: »vom Weibe geboren«, der unendliche Gott, der seit Ewigkeiten Lebende, der Unermeßliche, den die Himmel nicht fassen können, »geboren von einer Jungfrau«, und das Kind, das diese Frau in eine Krippe legt, ist der Sohn Gottes, der Erbe des Alls, der Abglanz seiner Herrlichkeit, der das Weltall trägt, der viel erhabener ist als die Engel, vor dem die Himmel vergehen (Hebr 1, 3–11), und seine Mutter ist ein Mensch, eine Frau mit Namen Maria. Vielleicht ahnen wir nun ein klein wenig, was in dem Wort liegt: Gottesmutter. Wirklich unbegreiflich, ein Mysterium. Aber damit nicht genug. So ähnlich wie in diesem Kind etwas Unvereinbares zusammenkommt, nämlich Gott und Mensch, so ist es auch bei jener Frau. In ihr verbindet sich Jungfrau und Mutter. In diesem Geheimnis der Heiligen Nacht sind alle Paradoxien des Christlichen grundgelegt, die uns so oft Schwierigkeiten bereiten, an denen manche zerbrechen, die vordergründig unvereinbar sind und unseren Widerspruch herausfordern und uns das Wort abnötigen: Das gibt es nicht, das kann nicht sein, wie etwa Natur und Gnade, Glaube und Wissen, Kreuz und Seligkeit, Gesetz und Freiheit. Hier in diesem Kind in der Krippe und in der Mutter, die daneben kniet, sind diese Gegensätzlichkeiten überwunden: Gott und Mensch, Jungfrau und Mutter.

Aber nun einige Worte zur Auswertung dieses Doppelmysteriums und zur Anwendung auf etwas, was heute viel diskutiert wird: auf die Einigung unseres Erdteils. Europa wird nur aus einem jungfräulich-

mütterlichen Geiste geboren. Die Jungfräulichkeit und die Mütterlichkeit sind die beiden großen Kraftquellen, die Zukunft verbürgen. Die Jungfräulichkeit, weil sie als Vorgriff auf den zukünftigen Äon, wie es in der Präfation von den Jungfrauen heißt, bereits die Überwindung des an Zeit und Materie Verhaftetseins bedeutet; die Mütterlichkeit deswegen, weil ohne sie die Menschheit physisch und geistig stirbt. Und diese Gefahr droht heute in erschreckendem Ausmaß. Von der Jungfräulichkeit wird heute fast überhaupt nicht mehr gesprochen, und ebenso ist die Mutterschaft im Aussterben begriffen. Und doch hat die Menschen ein Hunger nach der jungfräulichen Mütterlichkeit erfaßt. Woher kommt es, daß die Menschen sich um Mutter Teresa drängen? Weil dieses Jungfräulich-Mütterliche ja auch den Mann einbegreift; woher kommt es, daß die Menschen von den beiden Johannes-Paulus-Päpsten so angetan waren und sind? Es ist nicht nur das Lächeln, sondern es ist das Gefühl: Hier ist Hoffnung und Zukunft.
Nun stehen wir vor dem letzten Geheimnis der heiligen Weihnacht. Es genügt nicht, wenn wir die Lichter am Christbaum entzünden und den Gabentisch mit Geschenken überhäufen; es genügt auch nicht, wenn wir in der Mette durch die feierlichen Gesänge uns erhoben fühlen, nein, das Wunder muß sich auch in uns vollzogen haben, Christus will in uns geboren werden. Aber wie? Auf dem gleichen Weg, den wir im Credo der Messe bekennen: »Incarnatus est de Spiritu Sancto ex Maria virgine.«
Der heilige Ludwig Maria Grignion von Montfort hat, wie wir schon einmal sagten, dazu in seinem »Goldenen Buch« den Kommentar gegeben und folgendes ausgeführt: »Wenn der Heilige Geist eine Seele mariengleich findet, so eilt er zu ihr hin, verbindet sich mit ihr, so daß Christus in dieser Seele von neuem geboren werden kann.« Der große deutsche Mystiker Eckhart hat diesen Vorgang die Gottesgeburt in der Seele genannt. Dieses Gesetz läßt sich nun auch über den einzelnen hinaus auf die Gemeinschaft anwenden. Wenn wir marianisch eingestellte Menschen sind, wenn wir jungfräulich-mütterlich sind, dann kann der Heilige Geist über uns kommen und eine Neugeburt Christi in uns, in unserem Erdteil bewirken, »Heiliger Geist wird über dich kommen, und die Kraft des Allerhöchsten wird dich überschatten; darum wird auch das Heilige, das geboren wird, Sohn Gottes genannt werden« (Lk 1, 35). Er ist, wie die Engel verkündeten, der Messias, der Herr, der Retter.

Spätestens Ende des 14. Jahrhunderts kommt in der Kunst zu den Symbolen, mit denen das Neugeborene als Gott ausgewiesen wird, Gott Vater hinzu, der seinen Sohn gesandt hat.
Fra Filippo Lippi hat das so deutlich gemacht wie kaum einer vor ihm. Aus einem mit Sternen besäten Himmel schaut ein segnender Gott Vater auf das neugeborne Kind, das nackt auf dem blanken Boden liegt.
Ein Strahl, der das Bild teilt, verbindet Vater und Sohn. Die Gloriole, die Gott Vater umgibt, findet ihre Entsprechung im Strahlenkranz um den Sohn. Zwischen Vater und Sohn kniet groß Maria – auch mit einem Strahlenkranz um das Haupt – anbetend so weit seitlich, daß der Strahl, der von Gott Vater ausgeht, durch sie nicht unterbrochen wird. Unmittelbar unter Gott Vater erscheint der Heilige Geist in Gestalt einer Taube. Außerdem gibt der Knabe Johannes Zeugnis von dem, der da kommt. Aus der Darstellung »Sohn des Höchsten« wurde bei Lippi eine Dreifaltigkeit.

Fra Filippo Lippi: Anbetung des Kindes um 1430. Staatliche Museen Berlin. Bildarchiv Foto Marburg

ECCEANGNVSDEI

MARIA – MUTTER DER KIRCHE

Wir wollen unseren Rundgang durch die Marienfeste des Kirchenjahres nicht beenden, ohne eine Bezeichnung Mariens genannt zu haben, die jüngsten Datums ist und auf das Zweite Vatikanische Konzil zurückgeht: Maria, Mutter der Kirche. In der neuesten Ausgabe des römischen Meßbuches finden wir eine Votivmesse »von der seligen Maria, Mutter der Kirche«. Sie ist sogar durch eine eigene Präfation ausgezeichnet, die die Höhepunkte ihres Lebens aufzählt, ihre makellose Empfängnis, die Geburt ihres Sohnes, wo sie »als Mutter den Ursprung der Kirche gelegt hat«. Unter dem Kreuz hat sie uns als Kinder angenommen und mit den Jüngern den verheißenen Heiligen Geist erwartet. Der letzte Teil der Präfation berührt sich mit jener Aussage des Zweiten Vatikanischen Konzils, das den Schluß des Marienkapitels in der Kirchenkonstitution überschrieben hat: »Maria als Zeichen der sicheren Hoffnung und des Trostes für das wandernde Gottesvolk.«
Die Präfation drückt dies so aus: »Zur Herrlichkeit des Himmels erhöht, begleitet sie (Maria) die pilgernde Kirche mit mütterlicher Liebe und schützt voller Güte ihren Weg zur Heimat, bis der Triumphtag

Das Wörther Gnadenbild Maria vom guten Rat mit Wolken und Feuersäule »den Weg weisend«. (Siehe auch Seite 50).

Über das Familienidyll hinaus erhält diese Darstellung durch die Traube – dem Sinnbild des blutigen Leidens Christi – symbolische Bedeutung: Christus nimmt eine Beere von der Traube, die Maria ihm anbietet.
Zwar zählt das Fest der Heiligen Familie auch nicht zu den Feiertagen der Gottesmutter, Maria ist aber ein wesentlicher Teil dieser Familie. Ursprünglich wurde dieser Tag am Sonntag nach Epiphanie gefeiert, heute am Sonntag zwischen 26. und 30. Dezember. Benedikt XV. schrieb ihn für die gesamte Kirche vor, nachdem zuvor schon einzelne Diözesen die Heilige Familie als Vorbild für die christliche Familie herausgestellt hatten. Seit 1861 besteht in Frankreich die vom Papst gutgeheißene Vereinigung christlicher Familien. Papst Leo XIII. betrachtete diese Verehrung als Mittel zur sozialen Erneuerung.

Martin Schongauer: Heilige Familie 1475/80 (Wien, Gemäldegalerie).

des Herrn anbricht.«[1] Mit diesem Begriff vom pilgernden Gottesvolk haben Konzil und Liturgie die Vätertheologie des Exodus, des Auszugs aus Ägypten aufgegriffen.[2] Vierzig Jahre zog damals das alttestamentliche Gottesvolk durch die Wüste dem verheißenen Land entgegen, und von dem Großteil dessen, was sich auf dem Wüstenzug ereignete, sagt Paulus: »Dies alles aber widerfuhr ihnen als Vorbild« (1 Kor 10, 11). Vorbild unter vielen anderen war auch die Wolken- und Feuersäule, die das Volk begleitete bei Tag bzw. bei Nacht. Im Buch der Weisheit wird diese Funktion der himmlischen Weisheit zugeteilt: »Sie leitete sie auf wunderbarem Weg und war ihnen Schirm am Tag und Sternenleuchte des Nachts« (10, 17). Man hat aber diese Wolken- und Feuersäule auch auf Maria gedeutet, wie auf dem neuen Gnadenbild »Maria vom guten Rat« in Wörth an der Isar zu sehen ist (vgl. Seite 150). Ein griechischer Hymnus nennt Maria »die Feuersäule denen, die in Finsternis sind, den Weg weisend«, ein Gedanke, der auch beim heiligen Bernhard wiederkehrt.[3] Das war wohl auch der Grund, warum das Konzil das Marienkapitel mit den Worten abschließt: »Wie die Mutter Jesu, im Himmel schon mit Leib und Seele verherrlicht, Bild und Anbeginn der in der kommenden Weltzeit zu vollendenden Kirche ist, so leuchtet sie auch hier auf Erden in der Zwischenzeit bis zur Ankunft des Herrn als Zeichen der sicheren Hoffnung und des Trostes dem wandernden Gottesvolk voran.« Unter einem solchen Zeichen erreichen wir sicher das Ziel.

[1] Vgl. dazu Walter Dürig, Maria – Mutter der Kirche.
[2] Jean Danielou, Sacramentum futuri, Paris 1950, S. 144–200.
[3] J. Bourassé, Summa Aurea, Paris 1862, III c. 247.

Vgl. zum Ganzen:
Joseph Ratzinger, Die Tochter Zion, Johannes Verlag, Einsiedeln 1977.
Werner M. Th. Keuck, Maria und die Bibel Israel, Kanisius Verlag, Freiburg/Schweiz und Konstanz 1978.

Das wandernde Gottesvolk aller Stände, das bei Maria Hilfe und Zuflucht findet.
Deckengemälde der Wallfahrtskirche auf dem Habsberg (Diözese Eichstätt) von »J. Michael pinxit, 1764«.
Foto: Johannes Steiner

WEITERE BILDBÄNDE ZUM THEMA MARIA

Karl Kolb

Mariengnadenbilder

124 Seiten, davon 40 Seiten Bilder, Format 20,5 x 25,5 cm, Milskin-Pappband mit farbigem Schutzumschlag

Das Anliegen dieses Buches ist, dem Leser und Betrachter Mariengnadenbilder aus dem gesamten europäischen Raum zu erschließen.

Von Kapitel zu Kapitel wird verständlich, daß die Bilder aus dem tiefen Bedürfnis des Menschen, Maria nahe zu sein, entstanden sind. Die künstlerische Bedeutung der Mariengnadenbilder ist dabei nebensächlich, dagegen die historische Entwicklung überaus interessant und reich an überraschenden Details: die Entwicklung von der Reliquie und dem Haus Mariens bis zu »Marienporträts« und Erscheinungen. Der Autor versteht es, aus seinem umfassenden Wissen heraus Zusammenhänge und Hintergründe aufzudecken, die zum Verständnis der Gnadenbilder wesentlich sind. Es versteht sich, daß bei der Erklärung der Bilder die Wallfahrt eine wichtige Rolle spielt. Viele Leser werden erstaunt sein, wenn ihnen bewußt wird, wie sehr Gnadenbildern auch außerhalb der ursprünglichen Gnadenstätten Verehrung zukommt.

Wesentlich zur Veranschaulichung des Gesagten trägt ein reichhaltiger Bildteil bei: Überwiegend ganzseitige Fotos der Gnadenbilder und der Wallfahrtsorte.

Hier wird ein Buch mit vielfältigem, informativem Inhalt geboten, das, abwechslungsreich in der Gestaltung, viel zum inneren Verständnis der Gnadenbilder beitragen kann: ein wesentlicher, wichtiger Band heutiger mariologischer Literatur.

echter

Gotische Madonnen

und Madonnen der frühen Renaissance

202 Seiten, davon 80 Seiten Bilder, 5 Farbtafeln, Milskin mit farbigem Schutzumschlag

Nach dem erfolgreichen Band »Romanische Madonnen«, nunmehr in 2. Auflage erschienen, werden in diesem Bildband die schönsten Beispiele gotischer Madonnen Frankreichs vorgestellt. In brillanten Aufnahmen, die neben klassischen lyrischen Texten französischer Dichter des Mittelalters stehen – ins Deutsche übertragen –, werden dem Leser und Betrachter einige der schönsten Arbeiten von Bildhauern der gotischen Epoche vor Augen geführt. Ein Schaubuch, das dem Lobe Mariens gewidmet ist.

Romanische Madonnen

Das Motiv der thronenden Muttergottes in Frankreich und Spanien

208 Seiten, davon 80 Seiten Bilder, 7 Farbtafeln, Leinen mit farbigem Schutzumschlag, 2. Auflage

Dieses Schaubuch ist aus der Einheit von Wort und Bild gestaltet: Wort und Bild wollen zusammen erlebt werden. Der Band befaßt sich mit der thronenden Madonna, die sich unserem staunenden Blick in so vielen verehrungswürdigen Statuen präsentiert. Das Werk wird eingeleitet von dem Akathistos-Hymnus, jener ältesten, schönsten, volkstümlichsten aller Marienhymnen der Ostliturgie, die dort noch vollständig gesungen werden. Ferner sind Texte der lateinischen religiösen Dichtung entnommen.

zodiaque – echter